फिर मौसम बदला है

फिर मौसम बदला है

सम्पादक
दामोदर खड़से

वाणी प्रकाशन

सजिल्द प्रथम संस्करण : 2023

वाणी प्रकाशन
4695, 21-ए, दरियागंज, नयी दिल्ली 110 002
फ़ोन : +91 11 23273167 फ़ैक्स : +91 11 23275710

शाखाएँ
अशोक राजपथ, पटना 800 004, बिहार
कॉफ़ी हाउस कैम्पस, महात्मा गांधी मार्ग, इलाहाबाद 211 001, उत्तर प्रदेश
महात्मा गांधी अन्तरराष्ट्रीय हिन्दी विश्वविद्यालय, वर्धा 442 001, महाराष्ट्र
36/ए, शेक्सपीयर सरणी, रानी बिरला गर्ल्स कॉलेज के पास, कोलकाता 700 017, पं. बंगाल

www.vaniprakashan.com
marketing@vaniprakashan.in
sales@vaniprakashan.in

Phir Mausam Badla Hai
Edited by Damodar Khadse

ISBN : 978-93-5518-914-1
Poetry Collection

मूल्य : ₹ 550

आर. टेक ऑफ़सेट प्रिंटर्स, दिल्ली-110 032 में मुद्रित

वाणी प्रकाशन का लोगो मक़बूल फ़िदा हुसेन की कूची से

भूमिका

हमारे यहाँ उर्दू में ग़ज़ल-साहित्य और हिन्दी में गीत-काव्य विधा की प्राचीन परम्परा रही है। प्रारम्भ में ग़ज़ल फ़ारसी-अरबी में ही कही गयी। ऐसा माना जाता है कि हिन्दी ग़ज़लों का प्रारम्भ अमीर ख़ुसरो द्वारा किया गया और समय के साथ-साथ आम बोलचाल की भाषा, आम आदमी की पीड़ा, समाज में फैलती सामाजिक, आर्थिक, राजनीतिक विद्रूपता ग़ज़लों की विषय-वस्तु बनकर उभरी। इसी दौरान हिन्दी कवियों का रुझान भी ग़ज़ल की ओर हुआ जिसमें रामावतार त्यागी, बलबीरसिंह रंग, बालस्वरूप राही, दुष्यन्त कुमार, शेरजंग गर्ग, डॉ. कुँअर बेचैन, ऐसे कई प्रतिष्ठित नाम हैं जिन्होंने वर्तमान में ग़ज़ल साहित्य को श्रेष्टतम ऊँचाईयों तक पहुँचाया।

हम यदि गीत-काव्य की बात करें तो यह एक प्राचीनतम सनातनी परम्परा रही है जो वेदव्यास, वाल्मीकि, बाणभट्ट, भवभूति, कबीर, रैदास, तुलसी, मीरा से प्रारम्भ हो कर वर्तमान में नीरज, भारतभूषण, रमानाथ अवस्थी, वीरेन्द्र मिश्र, शिवमंगलसिंह 'सुमन', भवानीप्रसाद मिश्र, देवराज दिनेश, ऐसे कई स्वनामधन्य कवियों की भाव-भूमि को छूती हुई आगे बढ़ती रही है।

प्रस्तुत काव्य संग्रह 'फिर मौसम बदला है' में उर्दू और हिन्दी की दहलीज़ पर खड़े ग्यारह रचनाकार शायर और गीतकार अपनी परम्पराओं, रूढ़ियों और बन्धनों को नकारते हुए प्रेम में विरह, जीवन में विराग, रिश्तों की संवेदनशील दूरी से जन्मा वीतरागी भाव प्रस्तुत करने में सफल हुए हैं।

अलका मित्तल की ग़ज़लों में प्रकृति और मानव मन की अभिव्यक्ति का चित्रण, डॉ. अनुराग का व्यवस्था के ख़िलाफ़ आक्रोश से उपजी झुँझलाहट, अशोक 'अज़्म' की ग़ज़लों का समाज की विसंगतियों के प्रति आशावादी दृष्टिकोण, कामिनी व्यास रावल की रचनाओं में मानवीय रिश्तों में उपजे विश्वास-अविश्वास, नफ़रत,

भेदभाव के पीड़ा की रेखाएँ, ओम शंकर मिश्र 'ओम' की रचनाओं में आम व्यक्ति के रिश्तों में पनपते दोहरेपन का दर्द, राजश्री तिवारी पाण्डे 'क़मर' की रचनाओं में छल-कपट, अविश्वास की भावनाओं से उपजी पीड़ा का विस्तार, शिव शर्मा के गीतों में संयोग-वियोग के शब्द-चित्रों की सहज कोमल अभिव्यक्ति का भीगा हुआ दर्द, सुनीता लुल्ला के गीतों में संघर्ष की कठोरता के साथ-साथ आशावाद की गरिमामय अभिव्यक्ति, डॉ. सुनीता सिंह 'सुधा' के प्रेम गीतों में प्रतिक्षारत पीड़ा के प्यास की कोमल अनुभूति, विकल 'बहराइची' की ग़ज़लों में मानवीय स्वभाव से उपजी मनोदशा का चित्रण और गीतकार विनय 'साग़र' जायसवाल के गीतों में विरह की विकलता से उपजी पीड़ा के परिपक्व भाव इस काव्य संकलन की निधि है।

'फिर मौसम बदला है' काव्य संग्रह, लब्धप्रतिष्ठ साहित्य मनीषी डॉ. दामोदर खड़से के सम्पादन में प्रकाशित होकर हिन्दी जगत में अपना विशिष्ट स्थान प्राप्त करेगा।

डॉ. सुरेश चन्द्र शर्मा
देशबन्धु वार्ड, गोंदिया
मो. 9823168848

सम्पादकीय

काव्य में मनुष्य की आत्मा बसती है। फिर गीतों और ग़ज़लों में भीतरी संवेदनाएँ शैली का शृंगार कर मन-मस्तिष्क में उतर जाती हैं। कवि-गीतकार की संवेदनाएँ श्रोता एवं पाठक की ज़ुबान पर चढ़ जाती हैं और हर कोई इसे अपनी ही संवेदना समझने लगता है। एक तादात्म्य की यह स्थिति रचनाकार और पाठक को एक कर देती है। भावुकता की परिधि में एकाकार की यह स्थिति जीवन को गुनगुनाहट से भर देती है। प्रेम के उद्दाम शिखर पर बैठकर लिखी गयी रचनाएँ हर पीढ़ी को लुभाती रही हैं, फिर चाहे वह संयोग की बात हो या वियोग की। साथ ही व्यक्तिगत सुख-दुख से परे होकर अभिव्यक्ति जब सार्वजनिक हो जाती है तब वह केवल रचनाकार की नहीं रह जाती। समाज, समय और संस्कृति के मिथकों को लेकर रचनाएँ व्यापक हो उठती हैं, फिर प्रेम केवल एकान्तिक न हो कर वह सार्वजनिक और सार्वकालिक बन जाता है। ऐसे कई-कई गीत रचे गये हैं, जिन्होंने हर पीढ़ी तक अपना संवेदना-सन्देश पहुँचाया है। विशेष रूप से असफलता और विसंगत क्षणों में रचना की आर्त्त भीतरी संवेदनाओं तक गूँजती रही है। भारतभूषण के गीतों में जीवन की गहरी संवेदनाओं के चित्र उभरते देखे जा सकते हैं। जब कवि अपनी वर्तमान असफलताओं के लिये पूर्वजन्म के अपराधों को दोषी मानते हुए कहता है:

शायद मैंने गत जन्मों में अधबने नीड़ तोड़े होंगे
चातक के स्वर सुनने वाले बादल वापस मोड़ होंगे
ऐसा अपराध किया होगा फिर जिसकी क्षमा नहीं मिलती
तितली के पर नोचे होंगे हिरनों के दृग फोड़े होंगे।

भारतभूषण अपने वांछित को न पा सकने की विवशता को अपने पूर्वजन्म के अपराधों का उल्लेख करते हैं। परन्तु उनका काव्य-सौष्ठव इतना प्रभावी है कि

पाठक उसे अपने जीवन में कभी-न-कभी अनुभव करता है। श्रेष्ठ साहित्य वही है जो रचनाकार से निकलकर जन सामान्य में घुल मिल जाये।

गीतों और ग़ज़लों की लम्बी परम्परा रही है। हर पीढ़ी में ग़ज़ल-विधा का आकर्षण रहा है। कम शब्दों में बड़ी बातें कहने की गुंजाइश इसमें रहती है। प्रेम, प्रकृति का सामान्यीकरण और भीतरी अनुभूतियों की अभिव्यक्तियाँ बहुत सामीप्य लिए हुए होती हैं। अलका मित्तल की ग़ज़लें प्रकृति और मानवीकरण को बख़ूबी रेखांकित करती हैं:

बख़ूबी फ़र्ज़ सदा अपना वो निभाता है
उजाला बाँटने सूरज जो रोज़ आता है
वो दर्द अपना हमेशा यूँही भुलाता है
सुकून पाने को वो शायरी सुनाता है।

अपने वर्तमान और आसपास को लेकर एक उदासी, एक विरोधाभास रचनाकार को झकझोर देते हैं। इसीलिए अलका मित्तल कहती हैं:

है फ़लसफा यहाँ कितना अजीब दुनिया का
कि रोत-रोते भी रस्में-ए-जहाँ निभानी है
है नफ़रतों की ही छाया दिलों पे छायी हुई
जहाँ में शम्अ मुहब्बत की अब जलानी है।

सामाजिक विसंगतियों, विसंवादों और विवादों के चलते आपसी रिश्ते दुःख भरे हो जाते हैं। रचनाकार ऐसी स्थितियों को रचनाओं में शामिल करते हैं और भाई-चारा, मुहब्बत, प्यार को आपस में पिरोने का पुरज़ोर प्रयत्न करते नज़र आते हैं। आदमी और आदमी के बीच के सुखद रिश्ते जीवन को आनन्द से भर देते हैं। रचनाओं में आनन्द की तलाश इस बात को उजागर करती है कि रिश्तों में पारस्परिक समझ, सम्मान और समन्वय बहुत आवश्यक है।

हिन्दी ग़ज़ल विधा को दुष्यन्तकुमार ने नया मोड़ और शैली दी। जुल्फों और जाम के जाल से निकालकर रोज़मर्रा की ज़िन्दगी के अक्स अपनी ग़ज़लों में देखे। सामाजिक, राजनीतिक विसंगतियों और विरोधाभासों का दस्तावेजीकरण उन्होंने किया। ठोस धरातल पर उन्होंने निर्भीक और उन्मुक्त होकर संवाद किया:

भूख है तो सब्र कर रोटी नहीं तो क्या हुआ
आजकल दिल्ली में है जेरे बहस ये मुद्दआ
मौत ने धर दबोचा एक चीते की तरह
ज़िदगी ने जब छुआ तब फ़ासला रख कर छुआ।

ऐसी पृष्ठभूमि पर नये शायर अपने परिवेश को रेखांकित करने की पूरी कोशिश कर रहे हैं। समाज में व्यक्ति में, रिश्तों में और व्यवस्था में जो विसंगतियाँ दिखायी देती हैं, उसे रचनाकार सूक्ष्मता से अनुभव करता है और उसकी अभिव्यक्ति से निखरकर जो रचनाएँ बाहर आती हैं उससे समाज अपना ही चेहरा देखकर सिहर उठता है। परिवर्तन की आकांक्षा धूल में मिल जाने पर डॉ. अनुराग कहते हैं:

सरकारें बदलीं और सियासत बदल गयी
टिकते नहीं मुल्क में फिर भी अमन के पाँव

और,

दैर-ओ-हरम सब है मगर इंसां ख़ुदा होता गया
जिसको मिली दौलत यहाँ वो बेवफ़ा होता गया
प्यासा रहा ये दिल मिरा बरसे यहाँ सावन कई
जिससे मिला ग़म ही मिला ये बारहा होता गया।

व्यवस्था के ख़िलाफ़ उठ रहे स्वर बहुत सन्तुलित पर संजीदा हैं। डॉ. अनुराग अपने वर्तमान की विसंगति का सीधे-सीधे बयान करते हैं:

सवाल करने का सबको मिला है हक़ लेकिन
हकूमतों को ये लहज़े पसन्द नहीं आते।

हिन्दी ग़ज़लों में व्यवस्था के ख़िलाफ़ एक आक्रोश, एक प्रतिवाद, एक विद्रोह आसानी से देखा जा सकता है। शब्दों के माध्यम से विपरीत स्थितियों का विश्लेषण और जुझारूपन आता हुआ लगता है। सत्ताएँ कोई भी हों, उनका चरित्र यदि समाज के विरोध में होता है तो शायर अपनी अभिव्यक्ति इसी प्रकार देता रहेगा। तभी कह सकेंगे कि साहित्य समाज का सही आईना है।

अशोक 'अज़्म' के शब्दों में-

फूलों की जुस्तजू थी गुज़ारी है ख़ार में
ये ज़िन्दगी हसीं है फ़क़त इश्तिहार में
कोशिश सिकन्दरों ने बहुत की कि थाम लें
पर वक़्त कब किसी के रहा इख़्तियार में।

बड़े से बड़ा सत्ताधीश समय को नहीं रोक पाया है। इसलिए उम्मीद हमेशा परिवर्तन की होती है। रचनाकार का यह आशावाद आने वाले समय को अपने पक्ष में कर लेने को व्याकुल होता है। वर्तमान परिवेश में चल रहे संघर्ष को रचनाकार बहुत सिद्दत से महसूस करता है। व्यवस्था ऐसी हलचल को कभी गम्भीरता से नहीं

लेती। उसकी सत्तान्धता उसे ऐसा नहीं करने देती। लेकिन रचनाकार कभी निराश नहीं होता, वह समाज को आईना दिखाता रहता है। कभी-कभी समाज आईने में अपना ही चेहरा देखकर सिहर उठता है। शायर उम्मीद नहीं छोड़ता। सूरज का उगना, नया सबेरा नयी आशा लेकर आता है:

शर्त बेशर्त मगर फ़र्ज़ निभाने के लिए
रोज़ आता है वो मशरिक से जगाने के लिए
क़र्ज़ बढ़ता ही गया उनकी इनायत का जब
हमने बेचा है लहू सूद चुकाने के लिए।

—अशोक 'अज़्म'

ग़ज़लों में इन्सान के व्यावहारिक जीवन को भी ख़ूब रेखांकित किया गया है। रिस्ते इन्सानी ज़िन्दगी के केन्द्र में होते हैं। कुछ लोग इतने गणितीय ढ़ंग से जीते हैं कि इन्सानियत कहीं-कहीं लुप्त दिखायी देती है। व्यावहारिक और भौतिकवादी इस मतलबी दुनिया में अनुकूल स्थिति के लिए आदमी इन्तज़ार करता रहता है। ऐसे में आपसी रिश्तों को मन लायक करने की कोशिश हर व्यक्ति करता रहता है। इस बात को शैली का जामा पहनाते हुए कभी उलाहना तो कभी फटकार का सहारा लेकर अपनी अभिव्यक्ति व्यक्त करने का गुर शायरों में बहुत गहराइयों में कहीं छिपा होता है, तभी कामिनी व्यास रावल की क़लम से ये शेर निकले हैं:

'शऊर आये जो हमको निगाह पढ़ने का
हरिक सवाल का हाज़िर जवाब हो जाये
न जाने कितने छुपाये है राज़ ख़ामोशी
ज़ुबां खोल दे तो इंक़लाब हो जाये।

हमारे चारों ओर नफरत और भेदभाव की ऐसी हवा बह रही है कि संवेदनशील व्यक्ति के लिए जीना मुश्किल हो गया है। सामाजिक और राजनीतिक रूप से स्वार्थ, लूट-खसोट, छल-कपट इतना फैल गया है कि रचनाकार प्यार का दामन थाम कर सब कुछ भूल जाना चाहता है:

आज नफ़रत का है दौर चारों तरफ़
प्यार जिसने दिया वो ही रब हो गया।

—कामिनी व्यास रावल

प्यार को लेकर भी आश्वस्त नहीं होने की स्थिति कई लोगों के जीवन में आती है। आश्वासन, आकर्षण और असलियत के बीच की खाई बढ़ती जाती है, तब रिश्तों

में दरारें उभरने लगती है। फिर दिल से जन्मा सिलसिला जब दिमाग़ में पहुँचता है तब शायर को साज़िश नज़र आती है। तब रिश्तों की रतौंधी हो जाती है और चारों ओर काली रात का साम्राज्य शंकाओं और साज़िशों की गिरफ़्त में रिश्तों को जकड़ लेता है। ऐसे जकड़न भरे माहौल में ओम शंकर मिश्र 'ओम' कहते हैं:

अगर मिलेगी हुकूमत तो मैं दिखा दूँगा
नज़र में उसकी ये वादा नहीं था साज़िश थी
वो टाल देता है हँस-हँस के सारी बातों को
किसी भी बात पे खुलता नहीं था साज़िश थी।

शायर रिश्तों के बीच ऐसी साज़िशों को उजागर करता है। यह केवल रिश्तों तक सीमित न हो कर तमाम ऐसे सामान्य सम्बन्धों पर भी लागू होता है जब व्यक्ति खुलकर संवाद नहीं करते। मुख में राम बग़ल में छुरी जैसे स्वभाव अपने आस-पास देखे जा सकतें है। सार्वजनिक और निजी जीवन में भी ऐसे हालात का सामना करना पड़ता है। फिर ओम शंकर मिश्र 'ओम' को कहना पड़ता है:

क़लम उठा के लिखो गीत तुम ख़ुशी के बस
कहाँ सवाल है किसी के ख़िलाफ़ जाने का।

राजश्री तिवारी पाण्डे 'क़मर' भी समाज में फैली विसंगतियों को उजागर करती हैं। अपने असली चेहरों पर कई-कई मुखौटे लगाये लोग जब मिलते हैं तब विश्वास और आस्था की जगह एक नक़ली चेहरा बात करता होता है। ऐसे में जीवन कितना असहाय हो जाता है। जीवन में भरोसे का टूटना रिश्तों को ग्रहण लग जाने जैसा है। जब अपने ही आस-पास के लोगों से स्वार्थजनित व्यवहार और फरेब मिलने लगे तो व्यक्ति का आहत होना सहज है। राजश्री तिवारी पाण्डे 'क़मर' की रचनाओं में इसे बख़ूबी महसूस किया जा सकता है। यह कोई किसी एक की प्रतिक्रिया न हो कर कई लोगों के अनुभव हो सकते है। कितना सच है इन पंक्तियों में:

नज़र नहीं आती असलियत जब
हो तन्हा चेहरा नक़ाब कितने
न काम आया किसी का कोई
ग़ुलाम कम थे नवाब कितने।

और-

ये किस ग़दर में फँसी है बुलबुल
शिकार है एक उक़ाब कितने।

छोटी-छोटी पंक्तियों से पूरे कैनवास में गहरे रंग भर देना शायर की विशेषता होती है। आज कई लोग अनुभव करते हैं कि बुलबुल तो एक है- शिकार एक है और शिकारी गिद्ध चारों ओर मँडरा रहे हैं। इन अहसासों की अभिव्यक्ति पर बहुत बारीकी से संवेदना का लेप लगाया गया है। बड़ी ख़ूबसूरती के साथ 'क़मर' कह जाती है -

नब्ज़ एक बार देखिये साहब
दिल है बीमार देखिये साहब
शाम को लेके वो निकलते हैं
मुश्क़ हथियार देखिये साहब!

लेकिन यहीं ठहर जाना ज़िन्दगी नहीं है। ज़िन्दगी संघर्ष का नाम है, ज़िन्दगी में जूझते रहना अस्तित्व का नाम है, इसलिए:

अश्क से सराबोर ये आँखें
दुश्मनों से मिलाने लगी हूँ
इस जहाँ ने जलाया मुझे जब
शम्म सी जगमगाने लगी हूँ।

तमाम पाबन्दियों के बाद भी हालात से जूझने का माद्दा पैदा करना रचना का धर्म है। इसलिए ज़माने की परवाह न करते हुए जो अपना रास्ता चुनते हैं उन्हें देर-सबेर मंज़िल मिल ही जाती है। भले ही इसके लिए उन्हें कोई भी क़ीमत क्यों न चुकानी पड़े, 'क़मर' कहती हैं:

काट देगा ज़ुबां ये ज़माना
भूलकर गुनगुनाने लगी हूँ।

- राजश्री तिवारी पाण्डे 'क़मर'

गीत काव्य की प्राचीनतम विधा है। जीवन की संवेदनशीलता को गीतों ने नया आयाम दिया है। प्यार, आकर्षण, संयोग-वियोग, करुणा, दया, समर्पण, गीतों को अन्तरतम के स्वरों-शब्दों से सराबोर कर देते है। उर्दू में ग़ज़लों ने तो हिन्दी में गीतों ने मानव मन को भीतर तक छुआ है। चाहे रूप वर्णन हो या प्रणय-प्रकटन गीतों ने काव्य सौंदर्य को द्विगुणित किया है। भारतभूषण जैसे गीतकार ने पूरी पीढ़ी को अपने गीतों से संस्कारित किया है। नीरज ने तो कह ही दिया:

आज भले तुम कुछ भी कह लो पर कल सारा विश्व कहेगा
नीरज से पहले गीतों में सब कुछ था पर प्यार नहीं था।

उधर भारतभूषण ने अपने गीतों में अधूरापन, अवसाद, असफलता, पीड़ा और हताशा की ईमानदार अनुभूतियों को गीतों में ढाला। एक ओर प्रणय की साध है तो दूसरी ओर विसंगतियों का पहाड़ है। लेकिन इसमें से रास्ता निकालते हुए जिस शैली, मनोभाव और गुनगुनाहट को उन्होंने जन्म दिया वह उनकी अपनी अकेले की कथा नहीं थी। इसलिए ऐसे गीतों को सार्वजनिक सम्मान मिलता रहा है। उनके गीत रात-रात भर सुने जाते रहे और अब भी पढ़े जाते हैं। सादगी और स्नेह भरा उलाहना देकर विवशता में वे कहते हैं-

मेरी नींद चुराने वाले जा तुझको भी नींद न आये
पूनम वाला चाँद तुझे भी सारी-सारी रात जगाये।

या -

ये असंगति ज़िन्दगी के द्वार सौ-सौ बार रोई
बाँह में है और कोई चाह में है और कोई।

जीवन में इन संवेदनशील अनुभूतियों को गीतकारों ने सार्थक अभिव्यक्ति दी। सीधी सपाट बात होने के साथ उसमें ग़ज़ब की सम्प्रेषणीयता है और मनोभावों को व्यक्त करने की अपार क्षमता है। इस परम्परा को गीतकार शिव शर्मा ने बहुत शिद्दत से महसूस किया और इसी दिशा में सटीक अभिव्यक्ति दी है। वे प्रणय, प्रेम, आकर्षण, संयोग-वियोग के कुशल चितेरे हैं। 'फिर मौसम बदला है' गीत में शिव शर्मा बहुत भावुकता से याद कर सम्बोधित करते है:

दो पल का भी अलगाव न जाने क्यों
अब तो हमको सदियों सा लगता है
इन नयनों का बर्ताव न जाने क्यों
अब तो हमको नदियों सा लगता है
फिर बरखा बरसी है शायद तुमने
आँखों से आँसू छलकाया होगा
फिर मौसम बदला है शायद तुमने
सर से आँचल को सरकाया होगा।

शिव शर्मा के बिम्ब बहुत सार्थक, मार्मिक और आकर्षक होते हैं। गीतों की गेयता गुनगुनाने को विवश कर देती है। बहुत कोमल मनोभाव पाठकों को अपने साथ बहा ले जाते हैं। प्रकृति और मानवीकरण का समन्वय बख़ूबी साधकर गीतों को एक नयी परिभाषा सौंप जाते हैं। शृंगार रस की अद्‌भुत छटा शब्दों से प्रस्फुटित

होने लगती है। प्रेम की गहराई तक ले जाते हुए एक खास शैली को अपना लेते हैं। श्रृंगार संयोग का हो या वियोग का, वह पूरी तरह बाँध लेता है। शिव शर्मा के गीत भी सीधे मन में उतर जाते हैं। सीधी, सरल, स्वाभाविक अभिव्यक्ति ख़ूब लुभाती है:

साँवला तुम्हारा रूप,
कि ज्यों बदली ओढ़ी हो धूप
मौन मूरत मन पर छायी
सच कहता हूँ,
कल रात तुम्हारी याद बहुत आयी।

शिव शर्मा के गीतों में प्रेम और आकर्षण के साथ-साथ घर संसार के विषयों ने भी अपनी जगह बना ली है। वे जीवन के विविध पहलुओं पर गम्भीरता से चित्र उकेरते रहे हैं। समय की आंधियों में दिये को बचाने की अपील करते हुए वे कहते हैं।

सभ्यता के शहर की नयी रोशनी
पीढ़ियों का पराभव रही देखती
रूढ़ियों की अमरता को ढ़ोते हुए
थक गयी बहते-बहते समय की नदी
इस सदी के शिखर का मैं जलता दिया
वक़्त की आँधियों से बचा लो मुझे
दो घड़ी प्यार से गुनगुना लो मुझे!

जीवन में प्यार की गुनगुनाहट तो है ही वैचारिक रूप से समाज को एक आह्वान भी शिव शर्मा के गीतों में देखा जा सकता है। गीतकार जब महानगर की सड़कों पर अपने गाँव की पगडंडियों को याद करता है तब यादों की परछाइयाँ उसके पैरों से लिपट-लिपट जाती हैं और उसका भग्न मन अतीत से बातें करने लगता है। एक शब्द चित्र सामने उभर आता है:

हृदयहीन यन्त्रों में खोया मैं असहाय अभागा
महानगर की सड़कों पर पगडंडी छोड़ रहा हूँ
भोंपू के कर्कश स्वर के नीचे मैं निर्ममता से
अब तेरी सौंधी माटी के सब सपने तोड़ रहा हूँ
आज स्वयं अपने को ही मैं ऐसे ढूँढ़ रहा हूँ
जैसे बूढ़ी आँखें ढूँढ़ें बीती हुई जवानी
तब-तब आवे याद गाँव की गुज़री हुई जवानी।

शिव शर्मा के गीतों में व्यक्तिगत अनुभूतियों से समष्टीगत अहसासों को देखा जा सकता है। भारतभूषण की परम्परा को आगे बढ़ाते हुए वे शिल्पगत ताने-बाने में नये-नये प्रयोग करते हुए निरन्तर सृजनरत हैं।

सुनीता लुल्ला एक महत्त्वपूर्ण नाम उभरकर आता है— गीत रचना के क्षेत्र में। वर्तमान परिवेश और हालात के चित्र इनके गीतों का मुख्य स्वर रहा है। उद्दाम आशावाद, संघर्ष से दो-दो हाथ और अपनी गरिमा की रक्षा करते हुए अभिव्यक्ति की डोर को कभी शिथिल नहीं पड़ने दिया इन्होंने। संग्राम भीतरी हो या बाहरी, उम्मीद की ज्वलन्त मशाल लेकर गीतकार शब्द-यज्ञ करती दिखायी पड़ती है। वे कहती हैं:

दायरे उम्मीद के बढ़ने लगे है
हम गगन की मेंड़ पर चलने लगे हैं!
ये ज़मीं नापी है हमने आसमाँ तक
दस्तखत हमने किये हैं उस जहाँ तक
युद्ध की भेरी भी छेड़ी है अगर तो
ज़ख़्म भी हमने भरे हैं इन्तेहा तक
फ़ासले ग़र थे कहीं भरने लगे हैं
हम गगन की मेंड़ पर चलने लगे हैं...!

गगन की मेंड़ पर चलने का इरादा संघर्ष को जीत में बदलने की बलवती इच्छा दर्शाती है। उदासी, हताशा, निराशा, पराजय को दुत्कारते हुए अपने आत्मबल और पक्के इरादे की बात कहते यह गीत केवल व्यक्तिगत दृढ़-निश्चय को ही नहीं दर्शाता, बल्कि पूरे समूह को सम्बल से भर देता है।

रिश्तों को लेकर भी सुनीता लुल्ला के गीत सीधे हृदय में उतर जाते हैं। मानवीय रिश्ते जीने के सहारे होते हैं। लेकिन इसके ताने-बाने में यदि कोई अवरोध आ जाये तो चादर कुछ उखड़ी-उखड़ी लगती है, जीवन उलझनों से भर जाता है। ऐसे में सुनीता लुल्ला दोषारोपण का सहारा न लेकर उदारता का गीत गाती हैं। उनका मानना है कि रिश्तों में हार-जीत का भाव कैसा?

कभी हृदय की पगडंडी भी
सम्बन्धों के जंगल में
अपनी राह बना लेती है
संघर्षों के दंगल में!
प्रश्न नहीं यह हार-जीत का
तीर किसी पर क्यूँ ताने

सम्बन्धों की चादर झीनी
रिश्तों के ताने बाने...!

—सुनीता लुल्ला

गीत की परम्परा में डॉ. सुनीता सिंह 'सुधा' के शृंगार गीत बहुत लुभावने और आकर्षक बन पड़ते हैं। शृंगार-रस सुधा का प्रवाह बहुत गहरे मन में उतर जाता है। मांसल संवेदनाओं को शब्द बद्ध कर गीतकार ने प्रणय को उजागर किया है:

चितवन कटार-सी चलती है
नयनों से अग्नि-बाण चलते
क्यों दया नहीं करते मुझ पर
अधरों पर चिंगारी धरते...।
तुम ही मेरा प्रिय आलम्बन
तुम प्रीति-रीति आधार प्रिये
अच्छा तुम ही जीती मुझसे
मैं मान रहा हूँ हार प्रिये...।

शृंगार को रस-राज कहा गया है। मानव-मन को भीतर तक उद्वेलित कर अपने साथ ले जाने में शृंगार का कोई सानी नहीं है। संयोग और वियोग दोनो ही अपनी-अपनी तरह से मन को बाँध लेते हैं। गीतों के केन्द्र में ये उद्‌गार अपनी विशिष्ट भूमिका निभाते हैं। यादों की भूमिका अत्यन्त महत्त्वपूर्ण हो जाती है। यादें अतीत को सामने हूबहू खड़ा कर देती हैं। प्रेम, आत्मीयता, समर्पण, भीतरी चाह, स्नेहिल सान्निध्य पूरे वातावरण को एक स्वप्निल आगोश में भर लेते हैं। ऐसे समय की प्रतीक्षा हर कोई करता रहता है। सरल, सहज और प्रवाही शब्दावली में डॉ. सुनीता सिंह 'सुधा' के गीत बहुत आतुरता से पाठक मन तक पहुँचते हैं।

यादों से महका मन-आँगन
निर्जन से अनुबन्ध हुआ
सुध-बुध सब खो कर तुझसे ही
जब प्रेमिल सम्बन्ध हुआ
धड़कन-धड़कन में निशिवासर
तुम सुख के आभास हुए
जितने दूर हुए तुम तन से
मन से उतने पास हुए...।

मन-आँगन का महकना, निर्जन से अनुबन्ध होना, सुध-बुध खो जाना और प्रेमिल सम्बन्ध होना, सारी कोमल भावनाओं की गहरी अभिव्यक्तियाँ हैं।

मनुष्य भावनाओं का पुतला है। सान्निध्य पर वह सुध-बुध खो बैठता है, पर अलगाव होने पर उसका स्वर उलाहनों से भर उठता है। उसे अपनी स्थिति, हैसियत, स्थान सब बताने की आवश्यकता महसूस होती है। हालाँकि यह भी हमारी ही मनोदशा की प्रतिछाया होती है। ऐसी स्थिति जीवन में कभी-कभी आती ही है। साहित्य की यही तो ख़ूबी है कि मनुष्य जीवन की सारी भाव-छटाओं को समेटकर स्वयं में समाहित कर लेता है। अन्यथा साहित्य एकांगी रह जायेगा। विकल 'बहराइची' की ग़ज़लों में इस प्रकार के भाव यहाँ-वहाँ दिखाई देते हैं।

कभी रक्खा गया था थाल में मैं
पड़ा पत्थर पे अब मुरझा रहा हूँ
तरसता आज हूँ एक बूँद को पर
मुहब्बत का कभी दरिया रहा हूँ।

फिर एक उलाहना-चुनौती-घोषणा:

उनको अगर जलन है हमारी उड़ान से
तो साँठ-गाँठ कर ले कोई आसमान से
पहुँचा हूँ आज जो भी मैं इस मुकाम पर
पंगा लिया है मैंने हरेक दिन जहान से!

विरह शृंगार का एक महत्त्वपूर्ण पहलू है। प्रिय की अनुपस्थिति में अनमनस्क-भाव बहुत संवेदनशील शब्दों को जन्म देता है। एक अकुलाहट मिलने की उत्कट आतुरता और अवसाद की हद तक भग्नाश बहुत भारी मन से आर्त्त करता है। मन की यह स्थिति सारे जगत को सारहीन घोषित कर देती है। मिलन में जहाँ नख-शिख वर्णन के पृष्ठ उलटते चले जाते हैं, वहीं विरह में एक-एक शब्द पहाड़ की तरह अडिग हो जाते हैं। गीतकार विनय 'साग़र' जायसवाल अपनी अकुलाहट को दर्द भरी वाणी देते हैं:

तेरी सुगन्ध को लालायित, हर सुमन यहाँ अकुलाता है
अधरों पर मेरे नाम अगर, तेरा जब-जब आ जाता है।

जब खिलते हैं सुधि के शतदल
जब उड़ता दृग-वन में आँचल
हर निशा अमावस की लगती

हर दिवस बनी दुख की साँकल
यह प्रेम नगर का द्वार मुझे
कैसे परिदृश्य दिखाता है...!

भीतरी पीड़ा से सराबोर तृषित हृदय का उद्वेलन जब गीतकार के शब्दों को थाम लेता है तब जो कराह निकलती है, जो आह निकलती है उसे विनय 'साग़र' जायसवाल भावों में पिरोकर एक प्यारे से गीत में ढाल देते हैं। विरह की व्याकुलता का शब्दों में पिरोकर जो भाव-दर्पण उभरता है वह किसी का निजी नहीं हो पाता। गीतकार असंख्य लोगों के भावलोक को सँजोकर शिल्पगत साँचे में ढालकर किसी कलाकृति को जन्म देता है। निश्चित ही उसका संवेदनशील और सृजनशील मन उसमें डूबता-उतराता है। लेकिन जब कोई रचना साकार होती है तो वह सबकी हो जाती है। विनय 'साग़र' जायसवाल ने कई-कई गीतों में ऐसी संवेदनाओं को सँजोया है। कला सब तक इन संवेदनाओं को पहुँचाती है:

टकराती हैं शंकित ध्वनियाँ, हृदय द्वार से मेरे
अभिशापित से भटक रहे हैं स्वर्णिम सांझ-सबेरे।

हर एक निशा तम घेरे है, हर दिन है दुखदाई
सूने मरघट में साग़र यह किसने अलख जगाई
बीत रहा है जीवन अब तो, हर क्षण आँसू पीते
क्यों असीम इस अन्तराल में मुझको टेर लगाई
विचर चुके जब नील गगन में मन पाखी बहुतेरे
टकराती हैं शंकित ध्वनियाँ, हृदय द्वार से मेरे।।

'फिर मौसम बदला है' अनुभव, अनुभूति का और अभिव्यक्ति का ग़ज़लों और गीतों से पूरित यह संवेदनाओं की लड़ियाँ साहित्य को भाव-विभोर और रस-विभोर कर देंगी।

दामोदर खड़से
बी-503-504 हाई ब्लिस,
कैलाश जीवन के पास,
धायरी, पुणे-411 041
(महाराष्ट्र) मो. 9850099496
damodarkhadse@gmail.com

अनुक्रम

विनय 'साग़र' जायसवाल

अलका मित्तल

गीत-ग़ज़ल, क्षणिका, लघु कथा एवं कहानियों से अपने मृदु भावों तथा विचारों को प्रकट करने वाली कवयित्री अलका मित्तल उत्तर प्रदेश के मेरठ शहर की निवासी हैं।

साहित्य लेखन ईश्वर का प्रसाद है। हृदय से जो भाव प्रस्फुटित होकर यथार्थ और कल्पनाओं के संगम से शब्दों का आकार ले लेते हैं, काग़ज़ पर उन्हें उकेरकर आत्मिक सन्तोष मिलता है, ऐसा आपका मानना है।

आपका बचपन से ही साहित्य की ओर रुझान रहा है अतएव आप रचनाधर्मिता की कई विधाओं से सृजन करती रही हैं। परिवार का अपेक्षित सहयोग भी सहायक रहा।

कालान्तर में ग़ज़ल सुनने का शौक़ जुनून बना और इसी जुनून ने ग़ज़ल लिखने की ओर प्रेरित किया। सबसे बड़ा सहयोग एवं आशीर्वाद आदरणीय गुरु विनय साग़र जायसवाल जी से मिला जिनकी प्रेरणा से सृजन की दिशा मिली, मुकाम मिला। आज काव्य की सभी विधाओं में ग़ज़ल लेखन आपके दिल के क़रीब है जो आपके लिए मन के भावों को व्यक्त करने का नायाब, ख़ूबसूरत और आसान ज़रिया है।

आपकी रचनाएँ साझा संकलन में मुद्रित हैं तथा 'टुकड़े-टुकड़े' सच क्षणिका संग्रह प्रकाशित हुआ है।

आप हिन्दी साहित्य में परा-स्नातक हैं।

मो. : 9837305618

ई-मेल : alkamittalmeerut@gmail.com

दिल में उम्मीद के फूलों को

दिल में उम्मीद के फूलों को खिलाकर रखना
ख़्वाब पलकों पे नया रोज़ सजाकर रखना

रात के बाद यक़ीनन ही सहर होनी है
आरज़ू का दिया हर शाम जलाकर रखना

ख़ामियाँ लोग गिनाने में बड़े माहिर हैं
अपने किरदार को तुम ऊँचा उठाकर रखना

मैं बहक जाऊँ न दुनिया की चमक में मुझको
अपनी आँखों के दरीचों में छुपाकर रखना

ज़िन्दगी में हैं बहाने तो ख़ुशी के लाखों
सिलसिला इनसे हरिक हाल बनाकर रखना

है जुदाई की घड़ी टलने ही वाली 'अलका'
वस्ल की शब में महक अपनी बसाकर रखना

कभी जानकर आज़माते नहीं हैं

कभी जानकर आज़माते नहीं हैं
दिया आँधियों में जलाते नहीं हैं

खुदी को दिया दर्द हमने सदा ही
किसी और को हम सताते नहीं हैं

मिले दर्द हमको हरिक मोड़ पर ही
मगर हम किसी को बताते नहीं हैं

नहीं फूल सहरा में खिलते कभी भी
यूँ ही आस झूठी लगाते नहीं हैं

ज़माने से वो प्यार करते हैं हमसे
मुहब्बत मगर वो जताते नहीं हैं

भटकते रहे हम ख़यालों में उनके
मगर ख़्वाब में भी वो आते नहीं हैं

किया दिल जो 'अलका' ये उनके हवाले
हरिक से यूँ दिल हम लगाते नहीं हैं

बख़ूबी फ़र्ज़ सदा

बख़ूबी फ़र्ज़ सदा अपना वो निभाता है
उजाला बाँटने सूरज जो रोज़ आता है

वो दर्द अपना हमेशा यूँ ही भुलाता है
सुकून पाने को वो शायरी सुनाता है

जिसे नज़र सदा आती हैं ख़ामियाँ सबमें
उसे भी वक़्त कभी आईना दिखाता है

ज़रूर कोई तो मजबूरियाँ उसे होंगी
है अश्क़ आँख में वो फिर भी मुस्कुराता है

ख़ुशी से जो बशर जीते हैं ज़िन्दगानी को
घरों में उनके ही तो दीप जगमगाता है

मिलेगा बस वही जो भी नसीब में होगा
तू ख़्वाहिशों का तमाशा ये क्यों बनाता है

भरोसा अब किसी का भी नहीं रहा 'अलका'
नसीब खेल ही ऐसा हमें दिखाता है

बला की शोख़ शरारत

बला की शोख़ शरारत भरी जवानी है
चमक है चेहरे पे औ'र शर्ट आसमानी है

निभाते हैं यहाँ किरदार अपने अपने सब
हरिक बशर की फ़क़त बस यही कहानी है

वफ़ा के नाम पे उसने दिया सदा धोखा
ये साफ़ साफ़ मिरे साथ बेईमानी है

न ज़ाया कर ये मिला है नसीब से तोहफ़ा
फ़िज़ाएँ मस्त हैं शब भी बहुत सुहानी है

है फ़लसफ़ा यहाँ कितना अजीब दुनिया का
कि रोते रोते भी रस्में-ए-जहाँ निभानी है

हैं नफ़रतों की ही छाया दिलों पे छायी हुई
जहाँ में शम्अ मुहब्बत की अब जलानी है

समझ में आ गया पूरी न आरज़ू होगी
ता उम्र 'अलका' यूँ ही ज़िन्दगी बितानी है।

है इश्क़ बेपनाह

है इश्क़ बेपनाह बताया न जायेगा
आँखों से राज़े-दिल भी छुपाया न जायेगा

हिम्मत जवाब देने लगी पाँव थक गये
अब हसरतों का बोझ उठाया न जायेगा

दुनिया हमारे बीच में आये तो ग़म नहीं
अब इश्क़ की तपिश को बुझाया न जायेगा

उसके बग़ैर जीने का मक़सद रहा नहीं
अब दिल किसी से और लगाया न जायेगा

समझा नहीं है उसने जो अपना कभी हमें
हमसे भी इश्क़ अब ये निभाया न जायेगा

'अलका' निभाएँ कैसे ज़माने की रीत को
अपना वजूद हमसे मिटाया न जायेगा

फ़िज़ा-ए-मस्त में यह दिल

फ़िज़ा-ए-मस्त में यह दिल मचलने वाला है
चले आओ सनम अब दिन भी ढलने वाला है

हुई हैं आहटें दिलबर के जब से आने की
इसी को सुन के कमल दिल का खिलने वाला है

गगन में छा रही अब तो सिन्दूरी सी आभा
ज़रा सी देर में सूरज निकलने वाला है

मिली नज़र से नज़र दिल ये क़ाबू खो बैठा
किसी तरह से नहीं अब ये सँभलने वाला है

सिवा ग़ज़ल के यहाँ और कुछ न छेड़ो तुम
मुझे सुकून इसी से तो मिलने वाला है

रहा नहीं सदा कोई भी इस ज़माने में
यहाँ है कौन जो यह सच बदलने वाला है

जिधर भी देखिये नफ़रत का बज रहा बाजा
सुकून सबका ये 'अलका' निगलने वाला है

ख़्वाब सुहाने आँखों में

ख़्वाब सुहाने आँखों में बस जाने दो
कुछ पल अपनी यादों संग बिताने दो

देती हैं तकलीफ़ बहुत बीती बातें
उन गुज़री बातों को बस अब जाने दो

रोज़ सवेरे दिल की कलियाँ खिलती हैं
उम्मीदों से बस दिल को बहलाने दो

टूट के बिखरे दिल इतना कमज़ोर नहीं
ख़ुद की राहें ख़ुद ही मुझे बनाने दो

जब ख़ुशियाँ ही नहीं चाहतीं पास आना
तो ग़म का ही खुल के जश्न मनाने दो

कब देती है साथ ये दुनिया मुश्किल में
मुझे मेरी हिम्मत से मंज़िल पाने दो

अपने सब अश्आर मुकम्मल हो लेंगे
दर्द नया दिल पर तो 'अलका' आने दो

दीप उम्मीद का

दीप उम्मीद का हर रोज़ जलाया हमने
वक़्त ने जैसा कहा उसको निभाया हमनें

ख़ुद की पहचान भुला बैठे थे जाने कबसे
अपने किरदार से अब ख़ुद को मिलाया हमने

जिससे भी रिश्ता निभाया तो खुले दिल से ही
अपने ग़ैरों का हरिक फ़र्क़ मिटाया हमने

अपनी यूँ हसरतें पूरी तो कीं लेकिन दिल में
फूल की चाह में काँटा भी चुभाया हमने

ज़ीस्त की राह को आसान बनाने के लिए
ज़हनो-दिल को भी बहुत अपने सताया हमने

मुश्किलों में हमें अलका जो सफ़र करना था
अपनी हिम्मत को ही हमराह बनाया हमने

साथ उसका मिला

साथ उसका मिला ज़िन्दगी मिल गयी
मिट गये सारे ग़म हर ख़ुशी मिल गयी

था नहीं कुछ बचा हर तरफ़ तीरगी
वो मिला तो लगा रौशनी मिल गयी

हैं उदासी भरे दिन है दिल ग़मज़दा
साथ जब वो चला ज़िन्दगी मिल गयी

ग़म पिघलते रहे लफ़्ज़ ढलते रहे
और ऐसे ग़ज़ल इक नयी मिल गयी

सोचकर ही परेशान थे अलका हम
मिल गया हम-सफ़र दोस्ती मिल गयी

लेकर के इम्तिहां मुझे

लेकर के इम्तिहां मुझे जीना सिखा दिया
अहसान आपका है कि क़ाबिल बना दिया

हम शायरी में निकले थे दुनिया तलाशने
इस शौक़ ने तो हमको भी हमसे मिला दिया

उस रोज़ से है मेरे वो पीछे ही रात दिन
उसको ज़रा सा देख के क्या मुस्करा दिया

दुनिया के हर चलन को समझने की भूल में
आँखों से मैंने अश्क़ का दरिया बहा दिया

अपने पे रश्क करता समन्दर भी था बहुत
चींटी ने तैर कर के गुमां यह मिटा दिया

जज़्बात मेरे देख के 'अलका' सभी हैं दंग
दुनिया को मैंने प्यार से पल में झुका दिया

डॉ. अनुराग

जो पेड़ विपरीत परिस्थिति में पनप जाते हैं उनका अपना मौलिक स्वरूप होता है, उनके फलों-फूलों का रंग, गन्ध और स्वाद औरों से अलग होता है, ऐसे ही हैं डॉ. अनुराग सिंह नगपुरे जो अपनी कुशाग्र क्षमताओं के कारण भौतिक शास्त्र जैसे दुरूह विषय में पीएच.डी. हासिल कर मध्य प्रदेश में प्राध्यापक के रूप में कार्यरत हैं, साथ-ही-साथ एक अच्छे शायर भी।

6 अक्टूबर को जन्मे डॉ. अनुराग ने अपने मित्र एवं गुरु तुल्य श्री हीरालाल जी यादव के मार्गदर्शन में ग़ज़ल विद्या की बारीकियाँ हासिल कीं। डॉ. अनुराग बाल्यकाल से ही गीत-ग़ज़ल का सृजन करते रहे हैं और भौतिकी के समीकरणों की तरह बार-बार परिमार्जित कर ख़ूबसूरत अश्आर रचते हैं। संवेदना और कल्पना लोक में विचरते गीत-ग़ज़ल और कठोर नियमों की कसौटी पर कसे हुए भौतिक शास्त्र विषय में सन्तुलन रख पाना कठिन है किन्तु डॉ. अनुराग बख़ूबी यह कमाल करते हैं।

एम.एससी., बी.एड. तथा पीएच.डी. करते हुए आजीविका के लिए कुछ वर्ष महाराष्ट्र में भी बिताये। डॉ. अनुराग के कई शोध-पत्र एवं उनका साहित्य देश की कई प्रतिष्ठित पत्र-पत्रिकाओं में गाहे-ब-गाहे मुद्रित होते ही रहते हैं।

साहित्यिक रचनाओं के अतिरिक्त इनकी भौतिक शास्त्र विषय की महाविद्यालय स्तर पर 3 पुस्तकें प्रकाशित हो चुकी हैं जो विशेष उल्लेखनीय हैं तथा विद्यार्थियों की पहली पसन्द है।

जिस्म पर एक भी खरोंच नहीं
दाग़ दिल के दिखा नहीं सकते।।

मो. : 8329603598
ई-मेल : anu.balaghat@gmail.com

प्रीत का पारस छुआ तो

प्रीत का पारस छुआ तो मन मेरा कंचन हुआ
तुमको पाकर मेरे प्रियवर तन महक चन्दन हुआ

जितना दुख जग ने दिया है उतना सुख तुमसे मिला
धूप में जलती धरा का नीर से बन्धन हुआ

आये कुछ विषधर जगत में,लेके मानव रूप भी
सामने जब सत्य आया भर हृदय क्रन्दन हुआ

वक्र दृष्टि है समय की और परीक्षा की घड़ी
जो सफल इसमें हुआ है उसका अभिनन्दन हुआ

ये समयधारा रुकी कब बहना इसकी रीत है
कौन थमता इस लहर में अन्त हर जीवन हुआ

है विधाता का रचा जीवन मरण का चक्र ये
जैसे लिखता वो कथाएँ वैसा ही मंचन हुआ

गर्व करना ज़िन्दगी में भूल है इन्सान की
हमसे भी बेहतर कई थे माटी जिनका तन हुआ

हरेक पल में लगा...

हरेक पल में लगा कोई इम्तिहाँ गुज़रा
ज़रा सा इश्क़ ओ उल्फ़त बला ए जाँ गुज़रा

जिसे वहम है कि दुनिया उसी की होने लगी
समझ जहाँ जिसे आया तो रायगाँ[1] गुज़रा

तुम्हें तो तितलियों कलियों पे प्यार आता है
गुलों की थी परस्तिश[2] वो बागबाँ गुज़रा

शरीक ए ग़म भी रोये तो किस तरह रोये
कहीं पे बच्चा गया तो कहीं जवाँ गुज़रा

यूँ हादसात को देखो तो गोया लगता है
ज़मीं की मौत हुई है या आसमाँ गुज़रा

खड़े थे भीड़ में अश्कों को पलकों पे थामें
वो एक पल नहीं गुज़रा न वो समाँ गुज़रा

---

1 रायगाँ-व्यर्थ

2 परस्तिश-स्नेह,पूजा

कहाँ से लाये हँसी लबों पर,

कहाँ से लाये हँसी लबों पर, नसीब में जो ख़ुशी नहीं है
तुम्हारे बिन हम जिये हैं ऐसे, के जैसे ये ज़िन्दगी नहीं है

ये बिखरे-बिखरे हज़ार लम्हे, ये आँसुओं की क़तार लम्बी
ये रोयी-रोयी सी सुर्ख़ आँखें, बरस हैं बीते हँसी नहीं है

सवाल करती हैं सहमी आहें, तरसती तुमको ये दो निगाहें
हमारी जानिब चले भी आओ, ये साँस अब तक थमी नहीं है

ख़याल आते ख़याल जाते, न लम्हा रुकता न साँस थमती
हरेक आहट तलाश है कुछ, ये प्यास अब तक बुझी नहीं है

नहीं क़दम के निशान दिखते, नहीं नज़र में है नक़्श उसका
ख़ुदा को पाने का इश्क़ ज़रिया, कोई जुदा बन्दगी नहीं है

अभी अँधेरा घिरा हुआ है, अभी सुबह लापता सी है कुछ
ढलेगी शब तो उजाला होगा, ये पल तो बस आख़िरी नहीं है

तुम्हारे ज़िक्र से

तुम्हारे ज़िक्र से मौसम बदलने लगते हैं
सितारे ख़ुद ही ज़मीं पर उतरने लगते हैं

सँवार लेते हैं ख़ुद को तुम्हारी यादों से
कोई गुलाब सा हम भी महकने लगते हैं

सुनहरी शाम के बादल से चाँद निकला हो
खुले जो गेसू वो ऐसे निखरने लगते हैं

वो शोख़ आती है ऐसे बहार बनकर के
दरख़्त देख के उनको सँवरने लगते हैं

अज़ल[1] से आयी सफ़र करके मुहब्बत दिल की
थके से पाँव हैं लेकिन वो चलने लगते हैं

1 अज़ल-अनादि काल

राहे-वफ़ा में फूल हैं

राहे-वफ़ा में फूल हैं पत्थर भी आयेंगे
आयी जो धूप छाँव के मंज़र भी आयेंगे

अपनी उदासियों की परवाह क्यूँ करें
आये जो अश्क़ चेहरे को धोकर भी आयेंगे

काँटों पे गर चले हो तो रुकना कभी न तुम
चाहत में फूल के कई चादर भी आयेंगे

बरसा जो अब्र हम पे तो छत से उतर गये
सावन तुम्हारी याद के अन्दर भी आयेंगे

वो चाँद आया आज जो छोटे मकान पर
बच्चे ग़रीब ख़्वाब में छूकर भी आयेंगे

मजबूरियों के साथ भी जीना ग़लत नहीं
दरिया में ग़र बहे हैं तो सागर भी आयेंगे

ऐसे फ़रिश्ते हैं अभी अपनी ज़मीन पर
माँगोगे रोटी उनसे तो ख़ंजर भी आयेंगे

रेत आँखों में भरी है,

रेत आँखों में भरी है, इसे काजल कर दो
तपते सेहरा पे बरसता मुझे बादल कर दो

बारहा माँगी दुआ में दो ही चीज़ें तुमसे
या तो हर ग़म को मिटा दो या तो पागल कर दो

मेरा किरदार अलग हो सारी दुनिया से अगर
मुझपे पत्थर भी चलाओ मुझे घायल कर दो

ख़ाक होकर के जहाँ में मैं ख़ुश्बू सा उड़ूँ
मेरी ग़ज़लों के बदन को ऐसा संदल कर दो

सब बचाकर के रखा है कुछ भी लूटने न दिया
मेरे गुरबत के दिनों को मेरा कायल कर दो

जिस्म में थोड़ा लहू दो हौसला दो दिल को
पाँवों को हल्की थकन दो चाहे पैदल कर दो

दैर-ओ-हरम सब है मगर

दैर-ओ-हरम सब है मगर इंसां ख़ुदा होता गया
जिसको मिली दौलत यहाँ वो बेवफ़ा होता गया

बाज़ार है सारा जहाँ बिकते यहाँ जज़्बात भी
हर आदमी तन्हा मिला दिल ग़मज़दा होता गया

आवाज़ दी दिल ने उसे पर हमसफ़र आया नहीं
हम तो रहे उसके सदा पर वो जुदा हो गया।

प्यासा रहा ये दिल मिरा बरसे यहाँ सावन कई
जिससे मिला ग़म ही मिला ये बारहा होता गया

इक मोड़ पर ग़र ज़िन्दगी उनसे कभी मिलवाये जो
पूछेंगे हम क्या थी ख़ता क्यों वो ख़फ़ा होता गया

तेरी यादों में बसर क्या करते

तेरी यादों में बसर क्या करते
बिन तिरे शामो सहर क्या करते

मेरी आहों का असर कमतर है
मेरा दिल जानो जिगर क्या करते

सबने देखा था गुनहगारों को
लोग भी जाते हैं डर क्या करते

यूँ तो आदत न भटकने की थी
फिर भी करते हैं सफ़र क्या करते

फ़र्क़ जीने का है न मरने का
उसको देकर भी ख़बर क्या करते

ये नगर आदमी का जंगल है
अब यहाँ और ठहर क्या करते

सभी का एक सा...

सभी का एक सा जान ओ जिगर नहीं होता
जहाँ में एक सा सब में हुनर नहीं होता

कहाँ ये ज़िन्दगी चलती है अपनी मर्ज़ी से
किसी भी क़श्ती का अपना सफ़र नहीं होता

बुरा-भला सही चाहे कहो जो कहना है
किसी की बात का उतना असर नहीं होता

गये जो सुब्ह तो लौटे हैं शाम तक घर को
कहीं पे रुकना कभी रातभर नहीं होता

गुज़र चुका हूँ मैं इतने मुकाम से लेकिन
किसी सफ़र में कोई हमसफ़र नहीं होता

हँसू अगर मैं तो हँसता हूँ देर तक अक्सर
मिरा तो रोना भी यूँ मुख़्तसर नहीं होता

किसी के झूठ पे बजती हैं तालियाँ जमकर
कहूँ मैं सच भी तो कोई असर नहीं होता

कहीं पे ज़िन्दगी अलमारी में सजी बुक सी
कहीं किताब का कोई कवर नहीं होता

दिल दर्द ए मुहब्बत से

दिल दर्द ए मुहब्बत से उबर क्यूँ नहीं जाता
टूटा है बहुत फिर ये बिखर क्यूँ नहीं जाता

करता है हरिक राह में जो धोखे, जफ़ायें
वो शख़्स मेरे दिल से उतर क्यूँ नहीं जाता

हर मोड़ पे अनजान सदा मुझसे है कहती
तेरा भी तो इक घर है तू घर क्यूँ नहीं जाता

इक जुर्म-ए-मुहब्बत की सज़ा इतनी जुदा है
ता उम्र ही रहता है ये डर क्यूँ नहीं जाता

कितनी भी ये लहराये मगर तू यूँ सँवारे
जीवन तिरी जुल्फों सा सँवर क्यूँ नहीं जाता

सब बोलने वाले हैं यहाँ कोई न सुनता
ख़ामोशी का ये मुझसे हुनर क्यूँ नहीं जाता

मरहम की जुस्तजू में हैं

मरहम की जुस्तजू में हैं ख़स्ता बदन के पाँव
चलते नहीं हैं टूट गये अब चमन के पाँव

चप्पल नसीब भी न थी सदियों तलक जिन्हें
धोकर के पीते वो रहे बस बिरहमन के पाँव

कटते रहे दरख़्त तो ख़ामोश थे सभी
अब जल रहे हैं धूप में नाजुक बदन के पाँव

सरकारें बदलीं और सियासत बदल गयी
टिकते नहीं मुल्क में फिर भी अमन के पाँव

इन बस्तियों के वास्ते कुछ तो करो हुजूंर
आते हो वोट लेने तो छूते हमन के पाँव

सब बा-वज़ू हुए हैं तो दुर्गन्ध क्यों भला
सज़दे में उसके आ गये क्या राहज़न[1] के पाँव?

ये शायरी का इल्म है ख़ुशबू का पैरहन
हमने भी देखा ख़्वाब में इक गुलबदन के पाँव

जीने की आरज़ू लिए मर जाऊँ मैं अगर
तुम देखना हिलेंगे ये अन्दर कफ़न के पाँव

1 राहज़न = डाकू लुटेरा

अपना अपना कहते हैं पर

अपना अपना कहते हैं पर किसने कब अपनाया है
अपनों की चाहत ने अक्सर आँखों को छलकाया है

मुझमें ऐसी बात नहीं पर ऐसा कुछ तो साथ मिरे
जिसको भी इस दिल ने चाहा उसने ख़ूब रुलाया है

दुनियादारी ना-समझों की ना-समझों की बात अलग
जिनको ख़ुद की समझ नहीं है उसने भी समझाया है

इज़्ज़त, शुहरत, दौलत, चाहत पायी सबमें नाकामी
हद से ज़्यादा बदनामी पर हमने नाम कमाया है

बिन कारण ही घर से निकले मसरूफ़ियत की बात गढ़ी
बेरुजगारी में लोगों ने जीवन दाँव लगाया है

चुभता है दो आँखों में कुछ ख़्वाब के टुकड़े टुकड़े सा
माँझी क़श्ती पार लगाता माँझी बीच डुबाया है

घर के बाहर हर सू देखो आलम सूना सूना सा
वक़्त ने हमसे मजबूरों पर ग़म ही ग़म बरपाया है

हाल तुझे अपना बतलाता,

हाल तुझे अपना बतलाता, लेकिन कोई बात नहीं
तू भी मुझसा ही हो जाता, लेकिन कोई बात नहीं

उसकी कस्में याद आयीं सब उसको जब हँसते देखा
फ़ुरक़त[1] में वो न मुस्काता, लेकिन कोई बात नहीं

काँधे पर बच्चों को लेकर नापे गलियाँ कूचे सब
वो भी काँधे पर ही जाता, लेकिन कोई बात नहीं

ग़म के बादल छत पर बरसे नीचे बरसे नैना दो
पानी से चेहरा धुल जाता, लेकिन कोई बात नहीं

इक दूजे से मिलकर दोनों दूर गिला शिकवा करते
कुछ तो अच्छा सा हो जाता, लेकिन कोई बात नहीं

हर दीपक को तेल ज़रूरी हर दीपक को बाती भी
इतना सा वो समझ ही जाता, लेकिन कोई बात नहीं

कितनी साँसें चलना है अब कितनी बेचैनी बाक़ी
चैन से दो दिन मैं जी पाता, लेकिन कोई बात नहीं

---

1 फ़ुरक़त = वियोग

जीने की आरज़ू सी थी

जीने की आरज़ू सी थी मरने के बाद भी
क्या राख बुझ न पायेगी जलने के बाद भी

ग़ज़लों से आप अपनी ही भरता नहीं है दिल
हर दर्द रह ही जाता है कहने के बाद भी

नींदों में लरज़ी पलकों को वो चूमने लगा
इक रोशनी सी होती है बुझने के बाद भी

उसकी उदासियों से कुछ उदास मैं भी हूँ
आँसू छलक से आते हैं हँसने के बाद भी

मुद्दत हुई है दिल को मैं अश्कों से धोता हूँ
पर दाग़ मिट नहीं रहा धुलने के बाद भी

अंजाम ए इश्क़ दिल यहाँ किसको बतायेगा
वो ज़हर चूम लेता है डसने के बाद भी

या तो ग़म की दवा करे कोई

या तो ग़म की दवा करे कोई
जीस्त से या जुदा करे कोई

सच कहो तो ज़ुबां कटती है
झूठों का क्या बुरा करे कोई

दिल चरागों सा रातभर जलता
बुझना चाहे हवा करे कोई

सारी उम्मीदें तोड़ दी जिसने
उससे अब क्या गिला करे कोई

आँख भी नींद को तरसने लगे
ख़्वाब में यूँ दिखा करे कोई

ख़ामुशी की ज़ुबान होती है
इस नवा को सुना करे कोई

क़त्ल खाने में लेके आया है
रहनुमा का भी क्या करे कोई

एक से बढ़ के एक है क़ातिल
इस सियासत का क्या करे कोई

इश्क़ वालों की अपनी आदत ये
बख़्श दे ग़र बुरा करे कोई

तिश्नगी दिल की थोड़ी

तिश्नगी दिल की थोड़ी बुझा दीजिए
रूख से पर्दा ज़रा सा हटा दीजिए

जल उठेंगे चरागों से दिल बज़्म में
इक नज़र देखकर मुस्कुरा दीजिए

हम तो अनजान हैं इश्क़ से अब तलक
आशिक़ी हमको थोड़ी सिखा दीजिए

बारहा सच कहा झूठ के शोर में
हमको सूली पे चाहे चढ़ा दीजिए

हमने लिख्खी ग़ज़ल ख़ूने दिल से सदा
दाद दिल से हमें भी ज़रा दीजिए

रह गये हैं महल तन्हा यादों के बस
पंछी गुम्बद के ये भी उड़ा दीजिए

क़ब्र में जाके हम भी कभी सोयेंगे
एक पत्थर अभी से लगा दीजिए

ज़िन्दगी जायेगी नाम रह जायेगा
बात इतनी सी उनको बता दीजिए

पहले जिगर में दर्द को

पहले जिगर में दर्द को पैदा करे कोई
फिर जाके इश्क़ करने का सोचा करे कोई

तुम ग़र किसी को चाहो तो उसको दुआएँ दूँ
मेरी तरह तो दिल को भी सादा करे कोई

इतना न फ़ासला रहे कुर्बत के दौर में
जागा करे जो इक तो न सोया करे कोई

चाके जिगर के दर्द से बेहाल सा है दिल
अब हौसला कहाँ के तमन्ना करे कोई

हो जाये दुश्मनी भी तो इतना रहे ख़याल
बस दोस्ती का नाम न रुसवा करे कोई

सीने में सिर्फ़ यादों का मंज़र है रह गया
इस ज़िन्दगी के बोझ को हल्का करे कोई

कुछ लकड़ियाँ हैं जोड़ लीं ख़ुद अपने वास्ते
मर जाऊँ मैं अगर तो क्यों ख़र्चा करे कोई

कहने को सच मुँह ज़ुबानी

कहने को सच मुँह ज़ुबानी कौन रखता है
मुश्किलों में ज़िन्दगानी कौन रखता है

तैरता है ख़्वाब हर आँखों की झीलों में
रात की पलकों में पानी कौन रखता है

नाज़ हो जो हुस्न पर इतना समझ लीजे
उम्र भर हासिल जवानी कौन रखता है

चूमते थे नाम मेरा हाथ पर लिखकर
याद उनकी हर कहानी कौन रखता है

खेलते ही वो रहे जज़्बात से लेकिन
ज़ख़्मे दिल की हर निशानी कौन रखता है

है मुहब्बत का सफ़र तनहाई का सहरा
ज़िन्दगी भर शादमानी कौन रखता है

मुस्कुरा कर ही जला दी याद माज़ी की
इतनी तस्वीरें पुरानी कौन रखता है

ख़ुश्बुयें हरपल महकती याद में उनकी
शब की ख़ातिर रातरानी कौन रखता है

ख़्वाहिशों के शौक़ में लूटा है चैन-ओ-दिल
आजकल नींदें सुहानी कौन रखता है

है तकाज़ा ये वफ़ा का

है तकाज़ा ये वफ़ा का बेवफ़ा हो जाऊँ मैं
तेरी ख़ातिर ऐ सनम अब क्या से क्या हो जाऊँ मैं

साथ रहना ज़िन्दगी में अब यहाँ मुमकिन नहीं
छोड़कर इस जिस्म को गोया फ़ना हो जाऊँ मैं

है ग़मों की ये ज़मीं और आग में चलना सफ़र
हो चुका हूँ राख अब कैसे हरा हो जाऊँ मैं

आदमी मैं बेतग़य्युर[1] इश्क़ मेरा जाविदां[2]
खोके तुमको प्यार मेरे पारसा[3] हो जाऊँ मैं

देखकर अब इस शहर को जीने का करता न जी
पागलों सा हो गया हूँ गुमशुदा हो जाऊँ मैं

---

1 बेतग़य्युर = अपरिवर्तित

2 जाविदां = अमर

3 पारसा = धर्मात्मा

यहाँ है वस्ल भी फ़ुरक़त

यहाँ है वस्ल भी फ़ुरकत[1] कहूँ तो किससे कहूँ
ख़राब दिल की है हालत कहूँ तो किससे कहूँ

ख़रीद लेते हैं सबकुछ, ख़रीदने वाले
हरेक शै की तिजा़रत कहूँ तो किससे कहूँ

यक़ीन करने को बरसों लगेंगे तुमको भी
किया है तुमसे मुहब्बत कहूँ तो किससे कहूँ

तुम्हारे प्यार के सदक़े में जान को रखकर
निभाई दिल से है निस्बत कहूँ तो किससे कहूँ

चला हूँ ख़ार में, पत्थर में, और सहरा में
अभी है मरने की हसरत कहूँ तो किससे कहूँ

ग़रीब आदमी जीने को रोज़ मरता है
बदल न पायी ये सूरत कहूँ तो किससे कहूँ

वो लोग धूप को बादल की छाँव कह देंगे
अजीब हाले सियासत कहूँ तो किससे कहूँ

नहीं है रंज कुछ जीने का और मरने का
थमी है साँसों की शिद्दत कहूँ तो किससे कहूँ

जहाँ के दर्द का गिर्दाब[2] दिल में उठता है
डुबाती मुझको ये फ़ितरत कहूँ तो किससे कहूँ

---

1 फुरकत = जुदाई वियोग

2 गिर्दाब = भँवर

अशोक अज़्म

यह स्वाभाविक प्रक्रिया है कि विज्ञ संगीत गुरु, गायक तथा संगीतकार होने के कारण आपका उत्तम साहित्य एवं साहित्यकारों से प्रगाढ़ सम्बन्ध हो, होंगे ही। अशोक अज़्म पारधी की जंगल सी एकाकी और बेतरतीब ज़िन्दगी की खरपतवार को संगीत के स्वरों ने मुक्त किया, वहीं पर श्रेष्ठ साहित्य ने मानस को मधुबन स्वरूप दिया और न जाने कब गाते-गवाते मन की टहनियों पर कवित्त के सुमन खिल गये।

आपकी ग़ज़लों को उस्ताद शायर जनाब विनय साग़र जायसवाल की निगरानी हासिल है।

बकौल, कवि हृदय एवं प्राध्यापिका मित्र डॉक्टर अंजुम खान छिंदवाड़ा, आपकी ग़ज़लों में ज़िन्दगी के तजुर्बे और ताज़ा हालात का ज़िक्र बड़ी ही मोहब्बत से होता है। इसके हक़ीकी, इसके मज़ाजी और फ़लसफो को सादा तथा हास्य का पुट देकर अशआर कह देना आपकी ख़ासियत है।

शायर, ओशो संन्यासी तथा सुप्रीम कोर्ट में एडवोकेट, मित्र स्वामी राज शाहजहाँपुरी फरमाते हैं कि अशोक अज़्म की ग़ज़लों में अल्फ़ाज़ों का बेहतरीन चुनाव व माहिरी और ख़ूबसूरती के साथ किताबत करना आला सुखनवरी को नुमायाँ करता है। आपकी ग़ज़लें एक तरफ़ मसलें पर तंज़ करती हैं, दूसरी ओर रहबरी करती हुई नज़र आती हैं। कहीं ओशो की देशनाओं का असर भी दिखाई देता है।

आप 19 जून को अपना जन्मदिवस मनाते हैं।

मो. : 90493 39900

ई-मेल : ashokpardhi60338@gmail.com

कितने हसीन हो गये

कितने हसीन हो गये लम्हात देखिए
होती है रोज़ उनसे मुलाक़ात देखिए

गुज़रे वो गुलअज़ार जो नज़दीक से कभी
ख़ुश्बू से महक उठते है जज़्बात देखिए

तहज़ीब भी तिलिस्म भी उसमें शराब भी
क्या क्या ख़ुदा ने की है इनायात देखिए

की हो अगर न आप ने फूलों से गुफ़्तगू
उनसे कभी तो कर के कोई बात देखिए

सुहबत का आपके है असर या कि इश्क़ का
सादा-सा हो गया हूँ मैं सादात देखिए

मासूम आरज़ू का मेरी क़त्ल करके अब
वो कर रहे हैं मेरी शिकायात देखिए

माना कि वो हसीन बहुत ही हसीन है
तो क्या उसे ही बैठ के दिन-रात देखिए

आग पे सुर्ख़ सा ग़र

आग पे सुर्ख़ सा ग़र तपाया नहीं
तब तलक रूह पे रंग आया नहीं

यूँ हुआ है असर अब तेरे इश्क़ का
मैं किसी तंज़ पे तिलमिलाया नहीं

क्या ग़ज़ब चाहतों को लिए जी रहें
ढूँढ़ते हैं ख़ुदा, ख़ुद को पाया नहीं

सच बयानी से डरता नहीं हूँ मगर
तल्ख़ लहजा कभी आज़माया नहीं

महवे-हैरत है साक़ी मेरे होश से
मयकशी की मगर लड़खड़ाया नहीं

ये सुकूँ के शज़र ये ख़ुशी की नदी
ज़िन्दगी धूप है ग़र बचाया नहीं

है कुछ तो करिश्मा

है कुछ तो करिश्मा तुम्हारे छुअन में
उड़ा जा रहा हूँ मैं बाग़े-अदन में

तुम्हें सोचने का हुआ कुछ असर यूँ
उजाला-सा हर वक़्त रहता है मन में

हटाते हुए ख़ार राहों से उनके
मज़ा आ रहा उँगलियों को चुभन में

ग़ज़ल दर ग़ज़ल पढ़ रहे हैं ग़ज़लख्वाँ
तुम्हीं तुम बयाँ हो रहे हो सुख़न में

हवा में अजब सनसनी सुन रहे हैं
ख़लल कुछ पड़ा तो है चैनो-अमन में

कहो जाहिलों से कि छोड़े जहालत
मिलेगी न दो गज़ ज़मीं भी वतन में

मिलो ग़र किसी से मिलो दूर से ही
रही अब न सादा मिज़ाजी चलन में

रहबर नहीं कभी तो

रहबर नहीं कभी तो कभी रहगुज़र नहीं
लेकिन मेरे सफ़र से ख़ुदा बेख़बर नहीं

इस सख़्त तीरगी में दिखाए है राह जो
अदना सा एक जुगनू है शम्सो-क़मर नहीं

ख़ुद को अज़ल से ढूँढ़ रहा हूँ यहाँ वहाँ
मैं कौन हूँ कहाँ से हूँ कुछ भी ख़बर नहीं

कितना भी तू छुपा के करे है गुनाह मगर
ऐसा नहीं कि तुझपे किसी की नज़र नहीं

तू मिल हज़ार बार अगर उन्स है तुझे
तू आ न ख़्वाब में भी मुहब्बत अगर नहीं

हर लफ़्ज़ में निहाँ है इबादत सा नाम वो
उसके बग़ैर शेर मेरे पुरअसर नहीं

मस्ती ही मुझ फ़क़ीर की जाहोजलाल है
दुनिया की मुश्किलात का मुझपे असर नहीं

वक़्त हम सा जो कभी

वक़्त हम सा जो कभी तुमने गुज़ारा होता
तो मियाँ रो के ख़ुदा को ही पुकारा होता

ले गयी मौज़ उधर उनकी जिधर थी मर्ज़ी
काश कश्ती का कोई अपना किनारा होता

ज़र्द पत्ते भी दरख़्तों के हरे हो जाते
ग़र उन्हें प्यार से तुमने जो निहारा होता

कुछ नयी बात है तुम में जो हुआ तुमसे ही
वरना ये इश्क़ किसी से न दुबारा होता

बाँचता हमको किताबों की तरह ग़र कोई
हर वरक़ हमने सलीके से सँवारा होता

बेशक़ीमत से थे ज़न्नत में कई शै लेकिन
तुम से कम पे न कभी कुछ भी गवारा होता

फूलों की जुस्तजू थी

फूलों की जुस्तजू थी गुज़ारी है ख़ार में
ये ज़िन्दगी हसीं है फ़क़त इश्तिहार में

उलझे हुए थे फ़र्ज़ के धागों से पर मेरे
उड़ने की चाह रह गयी फ़स्ल-ए-बहार में

कल तक तो मेरे साथ मे यारों की भीड़ थी
अब वो है और मैं हूँ नज़र के ख़ुमार में

ख़ुद ही न हो सका है मुकम्मल ये आदमी
वरना कोई कमी न थी इस शाहकार में

कोशिश सिकन्दरों ने बहुत की कि थाम लें
पर वक़्त कब किसी के रहा इख़्तियार में

आवाज़ दे रहा है अगर सुन सको उसे
ख़ामोश रह के बोलता जो हर दयार में

जो ज़िन्दगी मिली है तो हँस के गुज़ार दें
वरना क़तार में हूँ मैं तुम भी क़तार में

मौसम ने बेवफ़ाई भी कुछ इस तरह से की
अब इश्क़ में मज़ा है न लज़्ज़त बहार में

दुनिया का क्या है चाहे जो कहती रहे मगर
मुझको यक़ीं है आज भी परवरदिगार में

इश्क़ है क्या ये जानता ही नहीं

इश्क़ है क्या ये जानता ही नहीं
ग़र मुहब्बत में तू मिटा ही नहीं

और भी हुश्न ख़ुल्द में थे मगर
कोई तुझसा वहाँ मिला ही नहीं

तू है हासिल सवाब से ही मेरे
गो हथेली पे तू लिखा ही नहीं

बात कुछ तो है आस्तां की तेरे
सर वगरना कहीं झुका ही नहीं

झुक के सिजदे में राज़ जान लिया
तू ख़ुदा से मेरे जुदा ही नहीं

इक मुकम्मल ग़ज़ल है 'मीर' की तू
कोई बहसो मुबाहिसा ही नहीं

रोज़ ही हादसों का

रोज़ ही हादसों का डर कब तक
हम करें ख़ौफ़ में बसर कब तक

कर चरागां तू रूह को अपने
तीरगी में रहे सफ़र कब तक

चल कि दो चार जुगनू ले आयें
तू मुनव्वर सही मगर कब तक

काट के ख़ुद ब ख़ुद जड़ें अपनी
आदमी होगा मुख़्तसर कब तक

काग़ज़ों से निकल चुकी है जो
आयेगी वो नदी इधर कब तक

फ़ाइलों में उगे दरख़्तों से
जी सकेगा कोई बशर कब तक

दिन बहुत इत्मीनान से गुज़रा
शाम अच्छी तो है मगर कब तक

आदमी को बेसबब जो

आदमी को बेसबब जो मुस्कुराना आ गया
फूल क्या काँटों से भी ख़ुद को सजाना आ गया

गुफ़्तगू कल देर तक उनसे हुई तो ख़ुद ब ख़ुद
इक नया अन्दाज़ मुझ में शायराना आ गया

यूँ हुआ है मोजिज़ा आते ही उनके बाग़ में
जो परिन्दे चुप थे उनको चहचहाना आ गया

सीख लीं हमने कई बातें नयी सी इश्क़ में
रूठना आया उन्हें हमको मनाना आ गया

आज फिर तनहा गुज़ारी शाम हमने दोस्तो
वो न आये उन से पहले इक बहाना आ गया

वक़्त ने क्या दे दिया मुझको ज़रा सा आस्मां
देख लो, दर पे मेरे झुक के ज़माना आ गया

ज़ख़्म देखेंगे, खरोंचेंगे, हँसेंगे इसलिए
हाल अब कैसा भी हो 'अच्छा' बताना आ गया

सच की ख़ातिर लड़े

सच की ख़ातिर लड़े ज़माने से
अपना रिश्ता है उस घराने से

आईना कुछ कहे तो सुन भी लें
क्यों शिकायत करें ज़माने से

कुछ तजुर्बे नये मिले मुझ को
अपनी सरहद के पार जाने से

ज़िन्दगी खेल है तो आ खेलें
क्यूँ डरें दाँव आज़माने से

दर्द सौ सौ लबों पे आके भी
बाज आये न मुस्कुराने से

नौ-ब-नौ शौक़ इस ज़ईफ़ी में
शेख़ बचिये भी डगमगाने से

डॉ. कामिनी व्यास रावल

"होनहार बिरवान के होत चिकने पात" यह कहावत अक्षरश: सिद्ध होती है,कवयित्री कामिनी रावल के जीवन में। 28 मार्च को जन्मीं कामिनी जी की बचपन से ही साहित्य लेखन,संगीत,खेलकूद तथा सामाजिक सेवाओं में रुचि रही है।

मरुस्थल में रेत के टीले हवा के झोंकों से अपना स्थान, आकार और ख़ूबसूरती को बदलते हैं, कुछ इसी तरह कामिनी जी भी अपने मानस के अनुरूप भिन्न-भिन्न विधाओं में साहित्य सृजन करती रहती हैं। ग़ज़ल, गीत, मुक्तक, लघु कथाएँ, आलेख एवं शोध पत्र आदि सृजित करने में आपकी रुचि ने ग़ज़ल गुरु श्री विनय साग़र जी से आपका परिचय कराया। जिनके सम्यक् मार्गदर्शन में ग़ज़ल लेखन की बारीक़ियों को समझने का अवसर मिला जो अभी अहर्निश प्रवाह में है।

आपकी ग़ज़लों में इश्क़ मोहब्बत के अतिरिक्त अपने इर्द-गिर्द की घटनाएँ एवं सामाजिक सरोकार भी परिलक्षित होता है।

आप, संजीवनी टी.टी. कॉलेज, उदयपुर राजस्थान में हिन्दी विषय की प्राध्यापिका हैं। आपने बी.ए., बी.एड., एम.एड. (हिन्दी एवं संस्कृत) तथा पीएच.डी किया है। वर्तमान में आप पीएच.डी की शोधार्थी हैं।

आपकी रचनाएँ प्रतिष्ठित पत्र-पत्रिकाओं के अलावा कई साझा संकलनों में मुद्रित हैं।

मो. : 9571306632, 9462454459

ई-मेल : rawalkamini12@gmail.com

इतना समझा है इस ज़माने से

इतना समझा है इस ज़माने से
बात बन जाती है बनाने से

सारी ख़ुशियाँ क़रीब आती हैं
इक ज़रा तेरे मुस्कुराने से

मेरे दिल को सुकून मिलता है
तेरे गलियों में आने जाने से

हर घड़ी चहचहाते हैं पंछी
इक शजर घर में बस लगाने से

रूठकर मान भी गये हम तो
तेरी नज़रों के ही मनाने से

मिल गयी है खुशी हमें देखो
लौट कर तेरे घर में आने से

बज़्म में कितनी हो गयी रौनक़
इक ग़ज़ल के ही गुनगुनाने से

'कामिनी' हौसला मिला मुझको
साथ तेरा सदा निभाने से

दुआ का माँ की मेरे

दुआ का माँ की मेरे सर पे जो दुशाला है
हरेक ग़म से इसी ने मुझे निकाला है

नज़र भी उसकी कटारी से कम नहीं चुभती
किसी तरह ही सही दिल को पर सँभाला है

नज़र मिलाता कभी वो नज़र चुरा लेता
इन्हीं अदाओं ने हमको तो मार डाला है

कहीं भी सच की यहाँ अहमियत नहीं दिखती
यहाँ भी झूठ का लगता है बोलबाला है

हज़ारों लोग यहाँ शिव को ढूँढ़ते फिरते
हमारा मन ही हमारे लिए शिवाला है

भुला मैं सकती नहीं अपनी माँ की ममता को
हज़ार मुश्किलें सहते हुए जो पाला है

ख़यालो ख़्वाब में डूबी हूँ कामिनी उसके
कि जिसने रंग मुहब्बत का मुझ पे डाला है

नज़र का तीर अगर

नज़र का तीर अगर कामयाब हो जाये
ज़रा सी देर में पत्थर गुलाब हो जाये

शऊर आये जो हमको निगाह पढ़ने का
हरिक सवाल का हाज़िर ज़वाब हो जाये

न जाने कितने छुपाये है राज़ ख़ामोशी
जुबान खोल दे तो इंक़लाब हो जाये

इसी जुगाड़ में रहता है आदमी अक्सर
उसे कहीं से भी हासिल ख़िताब हो जाये

चढ़ा जुनून है दिन रात लिखने पढ़ने का
किसी तरह से मुकम्मल किताब हो जाये

ज़रा सी हक़ में मेरे तुम दुआएँ यह कर दो
जो चाहती हूँ वही इन्तख़ाब हो जाये

गुरु के जैसा हुनर कामिनी हमें हो तो
ग़ज़ल हमारी भी फिर लाज़वाब हो जाये

क़दम क़दम पे तिरा साथ

क़दम क़दम पे तिरा साथ ग़र नहीं होता
यक़ी है मुझको हसीं यह सफ़र नहीं होता

तुम्हारे प्यार में डूबे हैं हम पे इस ख़ातिर
किसी की बात का इतना असर नहीं होता

न जाने कितने मुखालिफ़ तुम्हारे हो जाते
तुम्हारा फ़ैसला ग़र मोतबर नहीं होता

मैं दिल की बात किसी तौर तुमसे कह देती
तुम्हारे साथ में कोई अग़र नहीं होता

कभी कभी ही अगर होती प्यार की बारिश
कभी भी सूखा ये दिल का शज़र नहीं होता

वफ़ा के बदले वफ़ाएँ अगर हमें मिलतीं
फ़साना प्यार का यूँ मुख़्तसर नहीं होता

ये तुम हो 'कामिनी' जो दिल को पढ़ लिया तुमने
बशर हरेक ही हुस्न-ए-नज़र नहीं होता

शहर के लोग हमें देख

शहर के लोग हमें देख बहुत जलते हैं
प्यार करने के लिए और कहीं मिलते हैं

जो उसूलों पे अड़े रहते हैं हर क़ीमत पर
वो बशर ही तो ज़माने को सदा खलते हैं

जब से तुम ज़ीस्त में आये हो मेरी जानेमन
फूल उम्मीद के इस दिल में सनम खिलते हैं

इन अँधेरों में भी दिखता है उजाला मुझको
जब से आँखों में मुहब्बत के दिये जलते हैं

उसकी बातों में अजब रंग हैं उल्फ़त वाले
हम बड़े शौक़ से उस रंग में ख़ुद ढलते हैं

'कामिनी' जाम पिये जिसकी नज़र से मैंने
ख़्वाब आँखों में मेरी उसके ही अब पलते हैं

मुंसिफ़ का मेरे हक़ में

मुंसिफ़ का मेरे हक़ में जो फ़रमान हो गया
सब काम ज़िन्दगी का ही आसान हो गया

ऐसा गया है दोस्त मिरी ज़िन्दगी से वो
लगता है सारा जिस्म ही बेजान हो गया

छायी है शहर भर में भयानक कोई बवा
सब देखते ही देखते श्मशान हो गया

मजबूर है ज़माना या साज़िश है वक़्त की
इन्सानियत से दूर जो इन्सान हो गया

ऐसी चली है चाल सियासत ने देखिए
शिक्षित भी नौकरी को परेशान हो गया

महफ़ूज़ देश भर में ही बिटिया नहीं रही
अब तो लगे कि आदमी हैवान हो गया

भेजा है ख़त जो आज मुलाक़ात के लिए
मेरे हुज़ूर आपका अहसान हो गया

क़ुर्बान देश वास्ते हो जाऊँ कामिनी
मेरे भी दिल में पैदा ये अरमान हो गया

अब मौत बन रही है

अब मौत बन रही है ये तूफ़ान की हवा
ज़हरीली हो गयी है गुलिस्तान की हवा

कैसे मिले सकून यहाँ पर हमें भला
हर ओर फैली दिखती है श्मशान की हवा

कोई तो हो इलाज कोई राहबर मिले
निकली हुई है अब तो दिल-ओ-जान की हवा

है वक़्त कम इसे न यूँ बर्बाद अब करें
हर कोई चाहता है वही शान की हवा

यह देखकर ही सिर्फ़ हैं नींदें उड़ी हुई
है ग़मज़दा सी आज शबिस्तान की हवा

बेवजह कामिनी तू निकलना कहीं नहीं
हर ओर देख फैली है शैतान की हवा

मेरे तुम्हारे बीच

मेरे तुम्हारे बीच मुहब्बत की बात है
इसमें किसी को कैसी शिकायत की बात है

उनके ख़िलाफ़ जाने की उम्मीद मत करो
बहकाओ मत मुझे ये बग़ावत की बात है

मेरे गुनाह सारे भुला कर वो आ गये
कितनी बड़ी ये मुझ पे इनायत की बात है

फ़रमाइशें वो करते हैं पूरी हरिक मेरी
दरियादिली है उनकी या चाहत की बात है

इन्सानियत को पूजते आये हैं हम सदा
यह छोड़िए हुज़ूर सियासत की बात है

उसने सुनाई आज मुझे अपनी दास्ताँ
इसमें ज़रूर कोई नसीहत की बात है

हर रोज़ कामिनी नया फ़रमान लादते
कितनी अजब ग़ज़ब ये हुकूमत की बात है

बातों बातों में

बातों बातों में क्या मेरे रब हो गया
कुछ पता ही नहीं इश्क़ कब हो गया

आज नफ़रत का है दौर चारों तरफ़
प्यार जिसने दिया वो ही रब हो गया

चोट ऐसी लगी है मुझे इश्क़ में
दर्द ही ज़िन्दगी का सबब हो गया

साथ जब से मिला हमसफ़र का मुझे
रास्ता हर सुहाना ही अब हो गया

बेतहाशा थीं मुश्किल मेरी राह में
मेरी माँ की दुआ से ये सब हो गया

इश्क़ जब से हुआ है किसी से मुझे
मेरी ग़ज़लों में जादू अजब हो गया

कामिनी की नज़र जब मिली आपसे
मेरे दिल में क्या जाने ग़ज़ब हो गया

वो जो दिल के मुहल्ले में

वो जो दिल के मुहल्ले में आने लगे
प्यार के रंग चेहरे पे छाने लगे

होली होली है कह कर मेरे हमनवा
रंग मुझ पर गुलाबी उड़ाने लगे

जो हमें रोज़ छुप-छुप कभी देखते
जाम वो अब नज़र के पिलाने लगे

नाच गाने लगे हैं सभी आज तो
मौज में ढोल ताशे बजाने लगे

देखकर रंग की यह बहारे सनम
ख़्वाब सतरंगी से झिलमिलने लगे

चाहते हो अगर जानो-दिल से हमें
क्यूँ हमारी वफ़ा आज़माने लगे

जैसे राधा किशन खेलते रंग थे
उस बहाने कभी तो बुलाने लगे

कामिनी छोड़ दो ग़म की बातों को अब
आपके साथ हम मुस्कुराने लगे

ओम शंकर मिश्र 'ओम'

गणित जैसे क्लिष्ट विषय में पीएच.डी. की पदवी प्राप्त कर डॉक्टर ओम शंकर मिश्र ओम, साहित्यिक धरा पर अपनी ग़ज़ल का पौधा उगा कर गणित के दुरूह समीकरणों के मध्य कोमल भावनाओं के सुमन पुष्पित करते रहे हैं।

आपने अपनी सारी शिक्षा-दीक्षा पन्तनगर में ही प्राप्त की और उसी विद्यालय में शिक्षक नियुक्त हुए जहाँ से शिक्षा ली।

घर परिवार का धार्मिक तथा सांस्कृतिक परिवेश आपके मानस को बाल्यकाल से ही प्रभावित करता रहा। रामचरित मानस एवं लोक गीत गायन से काव्य लेखन की प्रेरणा मिली और हौले से ग़ज़ल विधा की ओर प्रवाह मुड़ गया। प्रारम्भ में अपने मित्रों के सान्निध्य में, तत्पश्चात उस्ताद श्री विनय साग़र जायसवाल से ग़ज़ल लेखन की बारीक़ियाँ सीखीं। अब आप निरन्तर ग़ज़लें लिखते हैं।

आपका जन्मदिवस 26 जनवरी को होता है।

अक्कड़ गणित विषय के विज्ञ होते हुए भी कोमल भाषी डॉक्टर ओम शंकर जी का स्वभाव पहाड़ों सा स्थिर और शुद्ध समीर की भाँति है जो आपकी रचनाओं में भी परिलक्षित होता है।

मो. : 94589 39138

ई-मेल : osmishra75@gmail.com

बुरा है हाल यहाँ

बुरा है हाल यहाँ इस क़दर ज़माने का
नहीं है दौर किसी पर यक़ीन लाने का

मेरे ही यार पिलाते हैं ज़हर हँस के मुझे
चढ़ा है शौक़ उन्हें मुझको आज़माने का

मेरे लिए है अगर तेरे दिल में इश्क़ नहीं
मुझे भी शौक़ नहीं दर पे सर झुकाने का

क़लम उठा के लिखो गीत तुम ख़ुशी के बस
कहाँ सवाल किसी के ख़िलाफ़ जाने का

करो भले ही यहाँ कुछ नहीं किसी के लिए
मगर ये दौर है पूरा ही हक़ जताने का

अगर मिले है मज़ा तुमको उनकी बातों में
न देना मौक़ा उन्हें 'ओम' रूठ जाने का

मुहब्बतों का बुलावा

मुहब्बतों का बुलावा नहीं था साज़िश थी
वो जैसा दिखता था वैसा नहीं था साज़िश थी

अकेला मैं ही करूँ इश्क़ कब तलक तुझसे
बराबरी का ये सौदा नहीं था साज़िश थी

जिगर जलाते हो क्यूँ तुम शराब से अपना
ये साक़िया का अक़ीदा नहीं था साज़िश थी

अगर मिलेगी हुकूमत तो मैं दिखा दूँगा
नज़र में उसकी ये वादा नहीं था साज़िश थी

वो टाल देता है हँस हँस के सारी बातों को
किसी भी बात पे खुलता नहीं था साज़िश थी

चलो निकल के कहीं दूर हम चले जायें
किसी का नेक इरादा नहीं था साज़िश थी

न जाने कितने सितम अब तलक हुए मुझपे
ये 'ओम' जंग का जज़्बा नहीं था साज़िश थी

तुझको छुआ जो

तुझको छुआ जो तेरी रज़ा के बग़ैर भी
तू बावफ़ा लगे है वफ़ा के बग़ैर भी

नज़रें चुरा चुरा के जो जाते हो आजकल
यह बरहमी सज़ा है सज़ा के बग़ैर भी

यह पूछिये ज़रूर यहाँ के निज़ाम से
क्यों फिर रहे हैं दोषी सज़ा के बग़ैर भी

क्या क्या भरा ख़ज़ाना है कुदरत के पास में
सब कुछ लुटा रही है नफ़ा के बग़ैर भी

माना शराब साकी ये सब कुछ तेरे लिए
कुछ दिन तो तुम भी काटो नशा के बग़ैर भी

छोड़ा है साथ तूने मुहब्बत की राह में
यह भी सितम सहूँगा दुआ के बग़ैर भी

कैसे करूँ भरोसा ख़ुदा बेटियों पे अब
पीहर चली हैं छोड़ विदा के बग़ैर भी

ऊँचे रसूक वालों से है मेरा वास्ता
जीना पड़ेगा अब तो अना के बग़ैर भी

कुछ नामवर हैं लोग जो पोथी लिए हुए
देते सलाह 'ओम' को दिशा के बग़ैर भी

ख़िलाफ़त मेरी करते हैं

ख़िलाफ़त मेरी करते हैं कहूँ तो मैं कहूँ किससे
बुरा मुझको समझते हैं कहूँ तो मैं कहूँ किससे

पकड़ कर हाथ जिनको राह दिखलाई कभी मैंने
चुनौती दे उतरते हैं कहूँ तो मैं कहूँ किससे

सिखाता हूँ जिसे मैं धर्म या सद्भाव की बातें
मुझे अहमक़ वो कहते हैं कहूँ तो मैं कहूँ किससे

वो मेरे दिल में रहती है जिसे मैं प्यार करता हूँ
लबों से गुल टपकते हैं कहूँ तो मैं कहूँ किससे

क़सम दे के वो कहते हैं उठा लो जाम हाथों में
मुझे मजबूर करते हैं कहूँ तो मैं कहूँ किससे

हमेशा मस्त रहता हूँ, ख़ुशी आये या ग़म आये
तभी तो लोग जलते हैं कहूँ तो मैं कहूँ किससे

लगा के दिल भी देखा है यहाँ पे 'ओम' ने यारो
वही इल्ज़ाम धरते हैं कहूँ तो मैं कहूँ किससे

दिल पर न बोझ तुम रखो

दिल पर न बोझ तुम रखो हिम्मत से काम लो
मुश्किल में जब रहो तो शराफ़त से काम लो

किस बात से हो रूठे यूँ कब तक करोगे जंग
दिल से मिटा दो शिकवे मुहब्बत से काम लो

दारू दवा शबाब करो पेश तुम उसे
इस पर भी वो न माने तो रिश्वत से काम लो

हर वक़्त ताने रहते हो चाकू, छुरी कटार
रख दो किनारे इनको नफ़ासत से काम लो

बाँधे हैं हाथ वक़्त ने उन पर करो रहम
मारो न लाठी उन पे मुरव्वत से काम लो

रूठे हुए हैं आज वो ग़ुस्सा है नाक पर
ऐ 'ओम' उनसे आज तो मिन्नत से काम लो

अपनों की अपनों से ही

अपनों की अपनों से ही बग़ावत बनी रही
किसको भला कहूँ मैं ये आफत बनी रही

कितने हैं यार मेरे जो शूली लिए खड़े
उनके लिए भी दिल में शराफ़त बनी रही

सच्चों के साथ राम है बाक़ी रहा न कोई
झूठों के साथ तो ये अदालत बनी रही

दहलीज़ पर हैं बापू की नज़रें लगी हुई
इससे ही मेरे घर की हिफाज़त बनी रही

इल्ज़ाम दोस्तों ने हम पर लगाये ख़ूब
झुक के सलाम कर दिया मुहब्बत बनी रही

ख़ामोश वो खड़ी थी मासूम बन के वो
नज़रों में उसके फिर भी शरारत बनी रही

दुनिया की सारी दौलतें किस काम की मेरे
माँ बाप मेरे संग हैं विरासत बनी रही

हमने ख़याल रक्खा दारू दवा से भी
इससे तो ओम की भी इज़्ज़त बनी रही

हमने देखा है कि

हमने देखा है कि खुद्दार भी बिक जाता है
हो ज़रूरत तो समझदार भी बिक जाता है

धूल फाँके हैं किताबें यहाँ तो सड़कों पर
हो मसाला जो तो अख़बार भी बिक जाता है

छोटी चादर हो तो पाँवों न पसारो तुम भी
वरना तो क़र्ज़ में घरबार भी बिक जाता है

क्यूँ परेशां है तू सोने या कि चाँदी के लिए
इतने पैसे में तो गद्दार भी बिक जाता है

मोल क्या है किसी के दिल का ये तुम क्या जानो
इस मुनाफ़े में ख़रीदार भी बिक जाता है

छोड़ दो दिल को लग।ना भी ज़माने से अब
इश्क़ में लोगों का इकरार भी बिक जाता है

अब भरोसा भी नहीं होता यहाँ लोगों का
चंद पैसों में तो क़िरदार भी बिक जाता है

किस तरह 'ओम' जताये किसी पे हक़ अपना
दौर ऐसा है कि हक़दार भी बिक जाता है

चाल जो तूने चली

चाल जो तूने चली आह क्या उफ़ तक भी न की
खलबली ख़ूब मची आह क्या उफ़ तक भी न की

नब्ज़ हमने भी टटोली थी हुकूमत की जब
क्या ख़बर छपने लगी आह क्या उफ़ तक भी न की

हाथ जिनके भी सने मुल्क की गद्दारी में
नौकरी उनको मिली आह क्या उफ़ तक भी न की

मोड़ पे जिस भी खड़ा हूँ है मेरी ही खामी
ख़्वाबों की होली जली आह क्या उफ़ तक भी न की

छोड़ के बेटा जो माँ को कभी परदेश गया
प्यार में जलती रही आह क्या उफ़ तक भी न की

जब भी पूछे थे हुकूमत से सवालों के जवाब
उसने ख़ामोशी चुनी आह क्या उफ़ तक भी न की

इश्क़ में 'ओम' मिले हैं यूँ तो धोखे भी बहुत
चोट दिल ने ही सही आह क्या उफ़ तक भी न की

मुझ पर न यूँ यक़ीन करो

मुझ पर न यूँ यक़ीन करो मैं नशे में हूँ
ख़ुद अपना तुम ख़याल रखो मैं नशे में हूँ

हमदर्द हूँ तुम्हारा मुहब्बत हो तुम मेरी
शातिर न कोई चाल चलो मैं नशे में हूँ

धीरे ही धीरे दिल की कहानी सुना सकूँ
थोड़ा अभी तो धीर धरो मैं नशे में हूँ

बर्बाद कर के प्यार जताने को आये हो
जाओ भी मुझसे दूर रहो मैं नशे में हूँ

मैं होश खोके भी हूँ तुम्हारा ही मुन्तज़िर
हालात पर न मेरे हँसो मैं नशे में हूँ

आँखों से तेरी पी के ही मदहोश हो गया
अब क्या पिऊँ शराब को मैं नशे में हूँ

खोलूँगा राज़ सारे ही अब डर नहीं मुझे
बैठो क़रीब दिल की सुनो मैं नशे में हूँ

करने लगा हूँ शोर मैं पीकर शराब को
मेरे ख़िलाफ़ कुछ न कहो मैं नशे में हूँ

सब कुछ लुटाये बैठा हूँ मैं राहे-इश्क़ में
थोड़ा मेरा ख़याल करो मैं नशे में हूँ

हद से गुज़रने वाले थे हम दोनों ओम जी
या तू बहक गयी है या तो मैं नशे में हूँ

कुछ न कुछ ख़्वाब सजाये थे

कुछ न कुछ ख़्वाब सजाये थे किसी की ख़ातिर
हम जिगर अपना जलाये थे किसी की ख़ातिर

ये मुहब्बत है जनाब क्या न करा दे हमको
कलमा पढ़ पढ़ के सुनाये थे किसी की ख़ातिर

ख़ून का रिश्ता कभी उनसे नहीं था मेरा
अश्क फिर भी तो बहाये थे किसी की ख़ातिर

पैसा हम भी तो कमा सकते थे ईमान गिरा कर
अपना ईमान बचाये थे किसी की ख़ातिर

आस हमको भी रही ह ं ी कभी तो उनसे
रात दिन हमने गँवाये थे किसी की ख़ातिर

जाम हाथों में लिए ओम था मैखाने में
इस तरह आँसू छुपाये थे किसी की ख़ातिर

राजश्री तिवारी 'क़मर'

दर्द, ग़म और मिली ख़ुशी इतनी
कोई दिवान अब लिखा जाये।।

कहने वाली राजश्री तिवारी 'क़मर' का लेखन विद्यालयीन कविता लेखन प्रतियोगिता से ही प्रारम्भ हो गया था जिसमें विवाह पश्चात विराम लग गया।। किन्तु समय बीता और पुनः कविता के दबे हुए बीज अंकुरित होने लगे। स्मार्टफ़ोन की भूमिका इसमें खाद पानी की तरह रही और एम.कॉम., एल.एल.बी., पी.जी.डी.सी.ए. की विद्यार्थिनी ग़ज़लें लिखने लगी। आप जो कुछ भी सृजन करतीं उसमें आपके उस्ताद विनय साग़र जायसवाल जी की तारीफ़ एवं डाँट-प्यार के परिणाम से कुछ अच्छा सृजित होने लगा।

वाणिज्य, संगणक तथा क़ानून विषयों जैसे कठोर पहाड़ों के बीच मासूम ग़ज़ल की उफनती नदी का होना अर्थात राजश्री 'क़मर' स्वयं एक अच्छी उदाहरण हैं।

नागपुर, महाराष्ट्र में 27 मई को जन्मी, वर्तमान में वारासिवनी मध्य प्रदेश की निवासी हैं। आप सफल गृहिणी हैं, टैरो कार्ड रीडर, और रेकी हीलिंग विषय में भी निष्णात हैं। लेखन जारी है जो पूर्णतया शौक़िया है तथा स्वान्तः सुखाय का ही भाव लिए है।

संस्कार भारती दिल्ली की ओर से सुभद्रा कुमारी चौहान सम्मान प्राप्त राजश्री जी की रचनाओं का प्रकाशन कई पत्र-पत्रिकाओं में नियमित रूप से होता है। कुछ साझा संकलनों में भी ग़ज़लें मुद्रित हैं।

मो. : 744 079 9365
ई-मेल : rajshreepandetiwari@gmail.com

सह कर सितम जहाँ के

सह कर सितम जहाँ के सितमगर से हो गये
फूलों से थे वो लोग भी पत्थर से हो गये

जिनको शऊर था न कहन औ सुखन का लो
अन्दाज़ आज उनके सुखनवर से हो गये

अहसान थे किसी के मेरे दिल पे अब तलक
अश्के लहू से आज सभी तर से हो गये

करने थे ज़िन्दगी में ज़रूरी से काम कुछ
जर से न हो सके वो मुक़द्दर से हो गये

सूरज की सन्तरी सी किरन देख कर लगा
पलकों में बन्द ख़्वाब मुकर्रर से हो गये

जिन जिन घरों में माँ को मुहब्बत न मिल सकी
अम्न-ओ-सुकून घर के बाहर से हो गये

पाकीज़गी का नूर यहाँ देख कर क़मर
ये दिल ज़ह्न बशर के लो अनवर से हो गये

ये बेकरार कभी

ये बेकरार कभी और कभी क़रार में है
न जाने दिल भी मेरा किस के इख़्तियार में है

वो आजकल नहीं मालूम किस ख़ुमार में है
कि मेरा यार भी क्या मेरी तरह प्यार में है

दिनों में बेकली है रातों में पशेमानी
गुँथा हुआ वो मुहब्बत के एक तार में है

सुलझती डोर नहीं ज़ीस्त की न जाने क्यों
ये ज़ेह्न मेरा भी शायद किसी हिसार में है

लहू बहा, न हुआ ज़ख़्म पर है दिल घायल
कहाँ ये धार नज़र सी किसी कटार में है

बग़ैर बारिशों के भीगी भीगी सी मैं हूँ
खिले गुलाब सा दिल मेरा इस बहार में है

सुनूँ वफ़ा में भला उसका मशवरा क्यों कर
जो आशिक़ों में न उल्फ़त के जानकार में है

कहा है सच ही किसी ने कि मर गयी हूँ मैं
नहीं है पास मेरी जान जां निसार में है

अँधेरा कर के छुपा लेता है वो अब मुझको
क़मर, क़मर की मुहब्बत के राज़दार में है

कितनी मेहनत की रक़ीबों ने

कितनी मेहनत की रक़ीबों ने उठाने के लिए
मुझको चोटी पे चढ़ाया है गिराने के लिए

जानें वो कैसी थी शुहरत जिसे पाने के लिए
हो गये क़त्ल भी खुद ही से ज़माने के लिए

एक सौदा किया है प्यार में हम ने ऐसा
ज़िन्दगी दे दी मुहब्बत के बयाने के लिए

उठ गयी दुनिया से, अच्छा ही हुआ ये वरना
उम्रभर जागती मैं ख़ुद को सुलाने के लिए

पढ़ के इक नज़्म मुहब्बत की जहाँ वाले सब
आये हैं चाँद को सूली पे चढ़ाने के लिए

सच का इज़हार किया उसने फ़कत इस ख़ातिर
झूठा कोई नहीं है बस ये बताने के लिए

भीड़ कितनी है जनाजे में क़मर देख तेरी
लोग अहसान तेरा आये चुकाने के लिए

हद से बाहर मैं...

हद से बाहर मैं जाने लगी हूँ
अब सितम और ढाने लगी हूँ

अश्क से ये सराबोर आँखें
दुश्मनों से मिलाने लगी हूँ

इस जहाँ ने जलाया मुझे जब
शम्स सी जगमगाने लगी हूँ

मैकदे में मुहब्बत के आकर
बिन पिए लड़खड़ाने लगी हूँ

काट देगा ज़ुबां ये ज़माना
भूल कर गुनगुनाने लगी हूँ

मैं भी ये हौसला जुगनुओं का
देखकर झिलमिलाने लगी हूँ

ज़िन्दगी के बदन पर पड़े थे
मैं वो जाले हटाने लगी हूँ

चढ़ गये थे कई दिल पे, क़र्ज़े
आरज़ू के चुकाने लगी हूँ

कह रही है 'क़मर' अब जहाँ से
फासले मैं घटाने लगी हूँ

उस ख़ुदा का कहा

उस ख़ुदा का कहा सुना जाये
ज़िन्दगी है तो फिर जिया जाये

ख़ुशमिज़ाजी है आज मौसम में
लुत्फ़ इसका न क्यों लिया जाये

दर्द, ग़म और मिली ख़ुशी इतनी
कोई दीवान अब लिखा जाये

सोचती हूँ के दिल से भी अपने
चर्चा-ए-ख़ास कुछ किया जाये

जुस्तजू, ख़्वाब और तमन्ना के
चीथड़ों को चलो सिया जाये

जाम कड़वा जहाँ के तानों का
अब शहद घोलकर पिया जाये

जाल में जो फँसा है जन्नत के
वो परिन्दा किया रिहा जाये

सोनचिड़िया हो, क्या ज़रूरी है
बुलबुलें बन के अब रहा जाये

अब 'क़मर' चन्द्रयान का भी तो
नाम इतिहास में लिखा जाये

नब्ज़ इक बार

नब्ज़ इक बार देखिए साहब
दिल है बीमार देखिए साहब

ये निगाहें नहीं समन्दर है
डूब कर प्यार देखिए साहब

बर्क़ सी दौड़ती है रग-रग में
कर के इज़हार देखिए साहब

शोख़ियाँ बस नहीं हैं नज़रों में
इनमें तलवार देखिए साहब

चुभ गया है किसी के सीने में
इश्क़ का ख़ार देखिए साहब

प्यार में उस्तुवार हूँ फिर से
ठन गयी रार देखिए साहब

शाम को ले के वो निकलते हैं
मुश्क़ हथियार देखिए साहब

ये क़मर की निगाह नम जो है
इनमें आभार देखिए साहब

क़दम क़दम पर

क़दम क़दम पर सराब इतने
ये दिल अकेला अज़ाब इतने

ज़रा मुहब्बत में पड़ गये क्या
मिले हैं हमको ख़िताब कितने

ये दिल हमारा न क्यों मचलता
के बाग़ में है गुलाब कितने

नज़र नहीं आती असलियत जब
हो तन्हा चेहरा नक़ाब कितने

न काम आया किसी का कोई
ग़ुलाम कम थे नवाब कितने

ये किस ग़दर में फ़ँसी है बुलबुल
शिकार है इक उक़ाब कितने

नमी मुहब्बत की देखें कैसे
पड़े हैं दिल पे हिजाब कितने

नज़र न दोजख को देख पायी
के ख़ूबसूरत थे बाब कितने

'क़मर' क़मर के न ख़्वाब देखो
के राह में हैं दुराब कितने

जाने क्या हो गया है

जाने क्या हो गया है अकस्मात शहर में
बढ़ती है बात बात में हर बात शहर में

आग़ोश में समाई, कली, मौत के तभी
उमड़े हैं ख़ाली ख़ाली से जज़्बात शहर में

रुख़सार पे कली के शरर मल गया कोई
बेहिस हुए हैं कितने ये हालात शहर में

रोज़ा रखा था एक बादाख़्वार ने यहाँ
वाइज़ ने क्यों किये न सवालात शहर में

इन्सानियत हो ऊँची फ़क़त इसलिए 'क़मर'
करनी पड़ेगी फिर नयी शुरुआत शहर में

बेहिस ये ज़िन्दगी है

बेहिस ये ज़िन्दगी है न इसका मलाल कर
काँटों भरी है राह ... क़दम रख सँभाल कर

ऊँची हो आसमाँ सी मगर पाँव ज़मीं पर
मंज़िल सदा ही ऐसी चुनो देखभाल कर

अपने हबीब पर ये लुटे ज़िन्दगी मगर
दुश्मन का सर कलम हो या जीना मुहाल कर

ग़र हो सके दिलों से ये नफ़रत निकाल दे
पाकीज़गी दिलों में तू सबके बहाल कर

अवाम है अकड़ में मुहब्बत से काम ले
सर ख़ुद ब ख़ुद झुकेगा वो पैदा जलाल कर

भारत की आन बान हो ऊँची जहान में
तौफ़िक है तुझे वो ही शोरिश कमाल कर

ये ज़िन्दगी रहे न रहे कुछ करो 'क़मर'
गर्दिश भरे दहर में ख़ुदी को मिसाल कर

ज़िन्दगी में जो ये

ज़िन्दगी में जो ये नज़ारत है
मेरे महबूब की इनायत है

यूँ बिछा दी है शब फ़लक ने मय
ज्यूँ कि फूलों की सुब्ह दावत है

सूरते-हाल कह रहा है कि
आपकी और गुलों की संगत है

उफ़ ! ये काजल घुला है अश्कों में
फिर भी नज़रों में इक नफ़ासत है

पढ़ता रहता है इश्क़ ही जिसको
ज़िन्दगी ग़म की वो इबारत है

सुन रही हूँ सदा हवाओं की
बह रही धड़कनों में उल्फ़त है

रूह तक इक सुकून है तारी
ये सनम आपकी सदाअत है

सोचती है क़मर, क़मर किसका
ये तो बस शम्स की अमानत है

शिव शर्मा

चन्दन वन में उगने वाले अन्य वृक्ष, चन्दन की सुगन्ध से मिलकर अपनी नयी गन्ध विकसित कर लेते हैं और वे अपनी विशिष्ट गन्ध से जाने पहचाने जाते हैं, ऐसे ही कवि शिव शर्मा बाल्यकाल से ही कविता रचते-रचते देश के स्थापित तथा मूर्धन्य कवि गीतकारों के सान्निध्य एवं स्थानीय ग्रन्थालय के उत्तम साहित्य के सम्पर्क में आकर अखिल भारतीय साहित्यकारों की पंक्ति में स्थापित हो गये हैं।

12 मार्च, 1945 को जन्मे शिव शर्मा का सृजन एवं पठन-पाठन निर्बाध प्रवाहमय हैं। आकाशवाणी, दूरदर्शन तथा प्रतिष्ठित पत्र-पत्रिकाओं में प्रसारित-प्रकाशित होते रहे हैं। परिणामत: आपको हिन्दी राष्ट्रभाषा प्रचार समिति द्वारा सारस्वत सम्मान, उदयाचल छत्तीसगढ़ से श्री व्यास सम्मान, महाराष्ट्र शासन द्वारा ग्रन्थ मित्र पुरस्कार आदि से सम्मानित किया गया है।

महाराष्ट्र शासन ग्रन्थालय नियोजन समिति हिन्दी साहित्य अकादमी तथा पुस्तक चयन समिति के सदस्य के रुप में आपकी सेवाएँ उल्लेखनीय है।

आप हिन्दी काव्य मंचों पर अपने गीत, घनाक्षरी, मुक्तक तथा राजस्थानी गीतों के लिए प्रसिद्ध हैं।

अपनी रचनाधर्मिता के विषय में आप किसी व्याकरण बन्धन अथवा श्रेष्ठता का दावा नहीं करते बल्कि गीतों की सहज-गेयता तथा पठन की तारतम्यता आपको सन्तुष्टि देती है।

सम्प्रति— शारदा वाचनालय, गोंदिया के ग्रन्थपाल के रूप में अविरल सेवारत हैं।

मो. : 95118 17471, 9422830175

ये परस्तिश है

ऐसा क्यूँ होता है
अक्सर ...
मेरी तनहाई में
दर्द ...
जंगल के
घने पेड़ों सा
उग आता है
मेरे..., बेचैन
भटकते हुए
जज़्बातों को
सूखे पत्तों की तरह
कोई तोड़ जाता है
बताओ...
कब तलक
मैं... और ...
ये... सन्नाटा सहूँ
रहम से मुस्कुराते
लोगों से
मैं कैसे कहूँ
कोई भी कविता
किसी इश्क़ की
मुहताज नहीं
ये परस्तिश है
किसी बादशाह का
ताज नहीं।

कुछ मुक्तक

सूनी-सूनी सी राहों की वीरानियाँ
फैली-फैली सी बांहों की तनहाइयाँ
जुगनुओं की तरह झिलमिलाती रहीं
रात भर तेरी यादों की परछाइयाँ।।

सूखे-सूखे अधर भीगे-भीगे नयन
पंखुरी-पंखुरी सा बिखरता ये मन
ओस के बूँद सी थरथराती रही
भाल पर मेरे तेरे अधर की छुअन।।

एक अन्धी प्रतीक्षा लिए उम्र भर
आँख से आँसुओं की नमी पोंछकर
तुम मिलोगे कहीं ना कहीं पर कभी
गीत गाते रहे हम यही सोचकर।।

बर्फ़ बनकर पिघलती रही ज़िन्दगी
एक साँचे में ढलती रही ज़िन्दगी
तेरी यादों ने जब से किनारा किया
सूखी नदियों सी बहती रही ज़िन्दगी।।

कुछ घनाक्षरी

अच्छे-अच्छे ज्ञानियों के ज्ञान-ध्यान छूट गये
टूट गयी तापसी तपस्या साधु सन्तों की
देह की दुकान पर रूप का गुमान लिये
मारी गयी मति फिर मन के महन्त की
जलते पलाश नहीं बुझती है प्यास
करे फागुन तलाश किसी कामिनी और कन्त की
पीली-पीली सरसों की ओढ़ के चूनर जब
रितुओं की रानी आये द्वार पे बसन्त की।।

ये धरती तुम्हारी आसमान है तुम्हारा सारा
हो सके तो फूल पाँत पेड़ को सँवार दो
मेघ घनघोर कर शोर जो डराये तुम्हें
तो चातक चकोर मोर कोयल को प्यार दो
यदि बाग का ही माली, लूटे कलियों की क्यारी
ऐसे कपटी कुचाली को चमन से निकाल दो
छाये अँधियारा दूर दिखता सवेरा हो तो
हर द्वार देहरी पे... चाँदनी उतार दो।।

प्यार न करोगे मनुहार न करोगे तो...., ये
चाँदी जैसी रातें बस यूँही कट जायेंगी
छोटी-छोटी बातों में बिताओ न यूँ ज़िन्दगी को
बदली दुखों की ये स्वयं छँट जायेंगी
बस एक बार बनके गले का हार पास आओ
ये खाइयों सी दूरियाँ भी ख़ुद पट जायेंगी

अधरों से जब भी मिलेंगे ये अधर प्यारे
लाज की लकीर भी स्वयं मिट जायेगी।।

नेह के अभाव में भटकते जो गाँव गाँव
उनसे कभी भी तुम मुख मत मोड़ना
तोड़ते जो दूसरों के सपनों के ठौर-ठाँव
उनसे कभी भी कोई नाता मत जोड़ना
नदिया किनारे बैठ डूबते जो आँसुओं में
उनको कभी भी मझधार मत छोड़ना
टूटती हो ज़िन्दगी की डोर भले टूट जाये
हो सके तो प्रीत की ये डोर मत तोड़ना।।

फिर मौसम बदला है

फिर मौसम बदला है शायद तुमने
सर से आँचल को सरकाया होगा
अधरों पर मेरे गीत उभर आये
शायद तुमने फिर मुसकाया होगा।।

भीनी-भीनी सम्बन्धों की ख़ुशबू
आँगन देहरी द्वारे महकायेगी
सपनों की चूनर ओढ़ेगी सन्ध्या
ये रातें गन्धवती हो जायेंगी
फिर अंकुर फूटे कलियाँ चिटकी हैं
तुमने तन-मन को जुठलाया होगा।।

दो पल का भी अलगाव न जाने क्यों
अब तो हमको सदियों सा लगता है
इन नयनों का बर्ताव न जाने क्यों
अब तो हमको नदियों सा लगता है।
फिर बरखा बरसी है शायद तुमने
आँखों से आँसू छलकाया होगा।।

पूरब से बहती पवन बाँसुरी सी
तन-मन को वृन्दावन दे जाती है
राधा सी विरहिन व्याकुल प्रेमकथा
गलियों कुंजन में रास रचाती है।

फिर बादल बिखरे चाँद निकल आया
तुमने घूँघट पट उलटाया होगा।।

फिर मौसम बदला है शायद तुमने
सर से आँचल को सरकाया होगा
अधरों पर मेरे गीत उभर आये
शायद तुमने फिर मुसकाया होगा।।

बरसों बरसे मेघ

बरसों बरसे मेघ मिटी ना मगर दुखों की रेख समर्पण भी मजबूरी है ...,
प्राण, तुम्हारे बिना आज यह देह अधूरी है ...।।

परिचय पर पाबन्दियाँ बढ़ती गयीं
सम्बन्धों के सम्मोहन छलते रहे
उलझन लिए हुए मन के भ्रमजाल में
कुछ कच्चे-कच्चे सपने पलते रहे
बिछड़े सारे लोग, न जाने यह कैसा संजोग
पीर मन में अन्दरूनी है...,
बिना तुम्हारे मीत हमारी दुनिया सूनी है
धूप मिलती है छाँव नहीं
कहीं पर अपना गाँव नहीं।।

बरसों बरसे मेघ मिटी ना मगर दुखों की रेख समर्पण भी मजबूरी है ...,
प्राण, तुम्हारे बिना आज यह देह अधूरी है ...।।

पगडंडी के आड़े तिरछे मोड़ पर
बेसुध पड़ी हुई पीड़ा के वास्ते
सुख के सारे शीश महल सौंपे तुमको
बन्द कर लिए अपने घर के रास्ते
यह अँधियारी रात, सूझता नहीं हाथ को हाथ
ये कैसी राम कहानी है
खोकर तुम्हें उमर भर अब तो ठोकर खानी है

आँसुओं की जागीर मिली
ज़िन्दगी भर की पीर मिली।।

बरसों बरसे मेघ मिटी ना मगर दुखों की रेख समर्पण भी मजबूरी है ...,
प्राण, तुम्हारे बिना आज यह देह अधूरी है ...।।

साँवला तुम्हारा रूप

साँवला तुम्हारा रूप, कि ज्यों बदली ओढ़ी हो धूप मौन मूरत मन पर छायी...
सच कहता हूँ कल रात तुम्हारी याद बहुत आयी।।

अलकें बिखरीं सूरज डूबा
सन्ध्या अलसायी-अलसायी
ज्यों नयी-नयी तरुणी कोई
लेती हो पहली अँगड़ाई
सपनों में तुम जब-जब आयी
सच कहता हूँ मनमीत
रात भर नींद नहीं आयी

साँवला तुम्हारा रूप, कि ज्यों बदली ओढ़ी हो धूप मौन मूरत मन पर छायी...
सच कहता हूँ कल रात तुम्हारी याद बहुत आयी।।

अधरों से मिले अधर जब-जब
तुम ऐसे सहमे संकुचाये
ज्यों पहले पहल समर्पण में
कोई दुलहिन शरमा जाये
तुम किसी झील की गहराई
या कालिदास के मेघदूत की
व्याकुल तरुणाई...।।

साँवला तुम्हारा रूप, कि ज्यों बदली ओढ़ी हो धूप मौन मूरत गन पर छायी...
सच कहता हूँ कल रात तुम्हारी याद बहुत आयी।।

दो नयन दीप यूँ लगे कि जैसे
पूजा में आरती सजी
अधरों पर गीत लगा ऐसे
ज्यों मन्दिर में घंटियाँ बजी
प्रार्थना कहूँ या पुरवाई
या तुलसीदास के रामायण की
कोई चौपाई...।।

साँवला तुम्हारा रूप, कि ज्यों बदली ओढ़ी हो धूप मौन मूरत मन पर छायी...
सच कहता हूँ कल रात तुम्हारी याद बहुत आयी।।

चल चलें फिर...

चल चलें फिर ढूँढ़ कोई ठौर या छाजन
इस विरल वातावरण से भर गया अब मन।।

धूप मिलती है न मिलती छाँव है
दूर तक दिखता न कोई गाँव है
यह विवशता अनमनी सी, यह अकेलापन
चल चलें... फिर ढूँढ़ कोई ठौर या छाजन
इस विरल वातावरण से भर गया अब मन।।

है अँधेरी रात अनजानी डगर
भोर के भ्रम में पला एक-एक प्रहर
तोड़ रिश्ते देह के सब छोड़ यह आँगन
चल चलें फिर ढूँढ़ कोई ठौर या छाजन
इस विरल वातावरण से भर गया अब मन।।

बह गये सारे समय की धार से
छूटते सब टूटती दीवार से
कब तलक बाँधे बिखरते टूटते बन्धन
चल चलें फिर ढूँढ़ कोई ठौर या छाजन
इस विरल वातावरण से भर गया अब मन।।

मरुथलों की प्यास बाँधे पाँव में
हम भटकते ही रहे हर गाँव में
यह झुलसती दोपहर और मोम सा जीवन
चल चलें फिर ढूँढ़ कोई ठौर या छाजन
इस विरल वातावरण से भर गया अब मन।।

जीवन नदिया बहता पानी

जीवन नदिया बहता पानी सबकी अपनी राम कहानी
कोई डूबे बैठ किनारे और कोई मझधार।।

सबकी अपनी-अपनी धरती
सबके अपने-अपने घेरे
सबके अपने चाँद सितारे
सबके अपने-अपने डेरे
सबके अपने-अपने आँगन
अपने-अपने द्वार...।

जीवन नदिया बहता पानी सबकी अपनी राम कहानी
कोई डूबे बैठ किनारे और कोई मझधार।।

सम्बन्धों के सम्मोहन में
सपने उड़ते पंख पसारे
जीवन सुख-दुख की बाज़ी है
कोई जीते कोई हारे
सबकी अपनी-अपनी लहरें
अलग-अलग पतवार...।

जीवन नदिया बहता पानी सबकी अपनी राम कहानी
कोई डूबे बैठ किनारे और कोई मझधार।।

उलझी-उलझी साँसों का
दो पल का रैन बसेरा

जीवन सन्ध्या में कोई
ना तेरा है ना मेरा
जितनी लम्बी चादर तेरी
उतने पैर पसार...।

जीवन नदिया बहता पानी सबकी अपनी राम कहानी
कोई डूबे बैठ किनारे और कोई मझधार।।

रेत पर लिखते-लिखते नाम

रेत पर लिखते-लिखते नाम
हो गयी इस जीवन की शाम
सुबह का सपना किसे कहें
तुम्हीं बताओ इस जीवन में
कब तक और बहें।।

जितना पास तुम्हारे आना चाहता
बढ़ जाती हैं उतनी मन की दूरियाँ
तुम क्या जानो ज़िन्दगी के मोड़ पर
कहाँ, कौनसी, किसकी क्या मजबूरियाँ
हर हँसते अधरों पर सुख का गीत नहीं होता
प्यासे चातक के स्वर में संगीत नहीं होता
नयन से कब तक और ढहें।
तुम्हीं बताओ इस जीवन में
कब तक और बहें।।

लिये तुम्हारे अहसानों के बोझ को
झुलस गये हम चन्दन-बन की छाँव में
कैसा परिचय हुआ तुम्हारा किस घड़ी
हुए अपरिचित हम अपने ही गाँव में
फैली-फैली बाँहें हर दिन तुम्हें बुलाती हैं
स्मृतियाँ बैठी दरवाज़ों पर दीप जलाती हैं
पीर मन की अब किसे कहें।

तुम्हीं बताओ इस जीवन में
कब तक और बहें।।

रेत पर लिखते-लिखते नाम
हो गयी इस जीवन की शाम
सुबह का सपना किसे कहें
तुम्हीं बताओ इस जीवन में
कब तक और बहें।।

आ गया मैं किसी...

आ गया मैं किसी बेसुरे मोड़ पर
बाँसुरी के स्वरों सा उठा लो मुझे
गीत के वंश की मैं हूँ अन्तिम कड़ी
दो घड़ी प्यार से गुनगुना लो मुझे।।

धुन्ध में डूबती घाटियों को मिली
इन्द्रधनुषी कथाएँ सदा प्यार में
पर्वतों की व्यथाएँ विसर्जित हुई
झील झरनों से बहती हुई धार में
तन से टूटी हुई मन से रूठी हुई
मौन मनुहार हूँ मैं मना लो मुझे।।

सभ्यता के शहर की नयी रोशनी
पीढ़ियों का पराभव रही देखती
रूढ़ियों की अमरता को ढोते हुए
थक गयी बहते-बहते समय की नदी
इस सदी के शिखर का मैं जलता दिया
वक़्त की आँधियों से बचा लो मुझे।।

दीप लेकर हथेली पे जलते हुए
गोधूली साँझ के द्वार पर आ गयी
रात अन्तिम प्रहर तक सतत जाग कर
भैरवी के स्वरों को सजाती रही

चहचहाते हुए पंछियों की तरह
लोक-गीतों की धुन हूँ सँभालो मुझे।।

आ गया मैं किसी बेसुरे मोड़ पर
बाँसुरी के स्वरों सा उठा लो मुझे
गीत के वंश की में हूँ अन्तिम कड़ी
दो घड़ी प्यार से गुनगुना लो मुझे।।

कश्मीर कैसा है...

चिड़ चिनार झील झरने पर्वत नदियाँ खाई
चाँदी की चादर ओढ़े हिमगिरि की ऊँचाई
जब उसने पूछा मुझसे कश्मीर कैसा है
मैंने बोला... बस तेरी तस्वीर जैसा है।।

देह बदामी गाल सेब से अखरोटी आँखें
काली जुल्फों की बदली में चन्दा सी झाँके
अधरों पर बेहोश पड़ी है शबनम बेचारी
जाने किस खिड़की से महके केसर की क्यारी
जब उसने पूछा मुझसे तरुणाई कैसी है
मैंने बोला बस गुलाब की पंखुरी जैसी है।।

चीड़ चिनार झील झरने पर्वत नदियाँ खाई
चाँदी की चादर ओढ़े हिमगिरि की ऊँचाई
जब उसने पूछा मुझसे कश्मीर कैसा है
मैंने बोला... बस तेरी तस्वीर जैसा है।।

हरी-हरी चुनरी पर तारे सुलमें टँके हुए
बादल पर्वत की बाँहों में कब से झुके हुए
कोहरे की साड़ी में लिपटी साँझ नहाती है
धरती नयी-नवेली दुलहिन सी शरमाती है
जब उसने पूछा मुझसे कि मौसम कैसा है
मैं घबरा कर बोला तेरे गुस्से जैसा है।।

चीड़ चिनार झील झरने पर्वत नदियाँ खाई
चाँदी की चादर ओढ़े हिमगिरि की ऊँचाई
जब उसने पूछा मुझसे कश्मीर कैसा है
मैंने बोला... बस तेरी तस्वीर जैसा है।।

जिस घड़ी से मिले तुम

जिस घड़ी से मिले तुम हमें मीत-धन
भाव-भीगे नयन फिर पिघलने लगे
ये हवाएँ, दिशाएँ महकने लगीं
चाँद तारे ज़मीं पर उतरने लगे।।

कामना थी न कोई, न थी कामिनी
प्रार्थना में खड़े सर झुकाये हुए
सूने-सूने रहे भावना के भवन
टिमटिमाते रहे आरती के दिये
कोपलें पाँत कलियाँ सिहरने लगीं
धूप में फूल सरसों के खिलने लगे।।

जिस घड़ी से मिले तुम हमें मीत-धन
भाव-भीगे नयन फिर पिघलने लगे
ये हवाएँ, दिशाएँ महकने लगीं
चाँद तारे ज़मीं पर उतरने लगे।।

सूर की साधना फिर सफल हो गयी
मीरा पावन हुई भक्ति रस-धार से
ज्ञान की गोमती फिर पराजित हुई
कृष्ण और राधिका के प्रणय-प्यार से
ज़िन्दगी गीत-गोविन्द गाने लगी
और अधर पर भ्रमर-गीत उड़ने लगे।।

जिस घड़ी से मिले तुम हमें मीत-धन
भाव-भीगे नयन फिर पिघलने लगे
[illegible] हवाएँ, दिशाएँ महकने लगीं
चाँद तारे ज़मीं पर उतरने लगे।।

यादों के इन्द्रधनुष

मत सहलाओ बीते जीवन के पल-छिन को
यादों के इन्द्रधनुष सांकल खटकायेंगे।।

सबकी अपनी-अपनी पीड़ा है दुनिया में
इसका यह अर्थ नहीं कि हम रोते जायें
जीवन की राहों में सुख-दुख दोनों मिलते
इसका यह अर्थ नहीं दुख ही ढ़ोते जायें
देने वाले ने धूप चाँदनी दोनों दी
ये भाग्य हमारा है हम क्या ले पायेंगे।।

मत सहलाओ बीते जीवन के पल-छिन को
यादों के इन्द्रधनुष साँकल खटकायेंगे।।

दोषी कह कर ऋतुओं को मत बदनाम करो
मन चाहा मौसम कभी किसी को मिला नहीं
बर्फीली यादें रोज़ पिघलतीं आँगन में
तेरे-मेरे जीवन का भी सिलसिला यही
सपनों का क्या है ये अभाव की गोदी में
नन्हे अनाथ बालक जैसे पल जायेंगे।।

मत सहलाओ बीते जीवन के पल-छिन को
यादों के इन्द्रधनुष साँकल खटकायेंगे।।

जो जीवन भर अँधियारे से लड़ते आये
दुनिया उनके चरणों में दीप जलाती है

जिनके भीतर झर जाने की तैयारी है
ख़ुशबू उनके माथे पर तिलक लगाती है
जो गिन-गिन कर साँसे जीते हैं जीवन भर
वे सब ढलते सूरज जैसे ढल जायेंगे।।

मत सहलाओ बीते जीवन के पल-छिन को
यादों के इन्द्रधनुष साँकल खटकायेंगे।।

जब-जब बरसे

जब-जब बरसे घन अषाढ़ के भीगे धरती रानी
तब-तब आवे याद गाँव की गुज़री हुई कहानी।।

भोर के कोहरे में लिपटा सिमटा सा रूप तुम्हारा
ठिठुरन भरी सुबह में उठकर फिर चूल्हा सुलगाना
जलन भरी गीली लकड़ी के धुएँ से झुँझलाकर
पैर पटकना आँखे मलना नयन कोर भर आना
ऐसे में दो बूँद आँसुओं की गालों पर ढलके
तो बिन बरखा के तन-मन भीगे, भीगे चूनर धानी।।

जब-जब बरसे घन अषाढ़ के भीगे धरती रानी
तब-तब आवे याद गाँव की गुज़री हुई कहानी।।

हृदयहीन यन्त्रों में खोया मैं असहाय अभागा
महानगर की सड़कों पर पगडंडी छोड़ रहा हूँ
भोंपू के कर्कश स्वर के नीचे मैं निर्ममता से
अब तेरी सौंधी माटी के सब सपने तोड़ रहा हूँ
आज स्वयं अपने को ही मैं ऐसे ढूँढ़ रहा हूँ
जैसे बूढ़ी आँखें ढूँढ़ें बीती हुई जवानी।।

जब-जब बरसे घन अषाढ़ के भीगे धरती रानी
तब-तब आवे याद गाँव की गुज़री हुई कहानी।।

हर सन्ध्या को दीप जला तुम तुलसी के चौरे पर
लौट मेरे आने की मिन्नत रोज़ मनाती होंगी

रोज़ बढ़ रहे होंगे दीवारों पर चिह्न तुम्हारे
मेरी ख़ातिर शायद तुम मन्दिर भी जाती होंगी
ना आने पर मन-मसोस कर ऐसे रोयी होंगी
जैसे फूटे खपरैलों से टपके टप-टप पानी।।

जब-जब बरसे घन अषाढ़ के भीगे धरती रानी
तब-तब आवे याद गाँव की गुज़री हुई कहानी।।

चल मन चल...

चल मन चल अपने रस्ते
इन गलियों चौराहों पर
इन पथरीली राहों पर
अब काँटे हों या गुलदस्ते।।

अपने और परायों के
अहसानों की छाँव तले
भावुकता के भवनों को
बस पत्थर के घाव मिले
टूटे बिखरे ढहें सभी
खँडहर-खँडहर हुए सभी
ये महानगर बसते-बसते
चल मन चल अपने रस्ते।।

सपने सब नीलाम हुए
इस दुनिया के हाटों में
कबिरा..., साबुत नहीं बचे
हम सुख-दुख के पाटों में
अब छोटी बड़ी दुकानें पर
महँगे सस्ते दामों पर
तू बिकता चल हँसते-हँसते
चल मन चल अपने रस्ते।।

ये भीगी भीगी पलकें
धुँधली धुँधली तस्वीरें
ये यादों के काँच महल
सम्बन्धों की ज़ंजीरें
पतझर और बहारों के
मेले और त्योहारों के
छोड़ सभी नाते रिश्ते
चल मन चल अपने रस्ते।।

गाँव गली गीत...

गाँव गली गीत गुनगुनाने के लिए
हरे भरे खेत खलिहानों के लिए
रूठे हुए मीत को मनाने के लिए
सोयी हुई प्रीत को जगाने के लिए
कोई एक प्यार करने वाला चाहिए
इस अँधेरी रात को उजाला चाहिए।।

बागबां बीमार फूल आवारा हुए
ख़ुशबुओं के गाँव सारे नाकारा हुए
कैसा है विधान संविधान खा गया
राजतन्त्र रावणों को रास आ गया
सर छिपाने के लिए शिवाला चाहिए
इस अँधेरी रात को उजाला चाहिए।।

फूल पाँत पेड़ कहीं छाँव नहीं है
दूर-दूर तक कोई भी गाँव नहीं है
चढ़ रही है धूप हो रही है दोपहर
छेनी और हथौड़ो से जो तोड़ते पत्थर
उनके मुँह में रोटी का निवाला चाहिए
इस अँधेरी रात को उजाला चाहिए।।

सूर तेरा श्याम सुविधा में सो गया
तुलसी का राम जंगलों में खो गया

कुर्सी पूजा देश की कहानी हो गयी
ये राजनीति कैसे पानी-पानी हो गयी
मीरा तुझे फिर ज़हर का प्याला चाहिए
इस अँधेरी रात को उजाला चाहिए।।

प्यार की पंजीरी को...

प्यार की पंजीरी को तराजू से न तोल
दूध की कटोरी में ज़हर मत घोल।।

नीचे धरती है न सर पे आसमान है
खोटे और खरों की ना ही पहचान है
पीठ का अब पेट से कोई मेल नहीं है
रोटी कोई ज़िन्दगी का खेल नहीं है
भूख को मिटाते नहीं मीठे-मीठे बोल
दूध की कटोरी में ज़हर मत घोल।।

हम ढलती जवानियों को देखते रहे
घर को जला के हाथ सेंकते रहे
प्रतिभा का प्रश्न कोई तर्क नहीं है
घोड़ों और गधों में कोई फ़र्क़ नहीं है
हम ख़ुद ही उड़ाते रहे अपना मखौल
दूध की कटोरी में ज़हर मत घोल।।

सपने दिखा के हमने लूटा देश को
आदमी से आदमी के परिवेश को
क्यारियों से कलियों को तोड़ते रहे
दोस्तो को दुश्मनों से जोड़ते रहे
बेचा है ईमान हमने कौड़ियों के मोल
दूध की कटोरी में ज़हर मत घोल।।

ज़िन्दा रहना है तो स्वाभिमान से तू जी
प्यार का हर जाम अभिमान से तू पी
काँटों वाली टहनियों को जल्दी छाँट दे
सम्बन्धों की सौंधी-सौंधी ख़ुशबू बाँट दे
फेंक कर मुखौटे सारे ख़ुद को टटोल
दूध की कटोरी में ज़हर मत घोल।।

प्यार की पंजीरी को तराजू से न तोल
दूध की कटोरी में ज़हर मत घोल।।

नाते रिश्ते टूट गये तो

नाते रिश्ते टूट गये तो
फिर बन्धन का क्या होगा
तन के घाव तो भर जायेंगे
टूटे मन का क्या होगा।।

माहुर बिंदिया झुमका अंजन
खो बैठे खलिहानों में
पीड़ा पानी माँग रही है
रेतीले मैदानों में
जो बिना खिलौने खेल रहा हो
उस बचपन का क्या होगा
तन के घाव तो भर जायेंगे
टूटे मन का क्या होगा।।

भादों भर-भर आँख रो रहा
रातों के अँधियारे में
जैसे कोई विधवा रोवे
कातिक के त्योहारों में
बिन दूल्हे बारात हो जिसकी
उस दुलहिन का क्या होगा
तन के घाव तो भर जायेंगे
टूटे मन का क्या होगा।।

कलयुग का लक्ष्मण कर बैठा
आज अपहरण सीता का

कृष्ण हो गया मौन
देख विद्रोह स्वयं की गीता का
यदि राम स्वयं अपराधी हो तो
फिर रावण का क्या होगा
तन के घाव तो भर जायेंगे
टूटे मन का क्या होगा।।

नाते रिश्ते टूट गये तो
फिर बन्धन का क्या होगा।।

तुम्हारे झील से गहरे

तुम्हारे झील से गहरे दृगों में डूब जाता मैं
तुम्हारे स्नेह के सम्मुख सदा ही सर झुकाता मैं
मगर यूँ ही सदा आसक्ति वश गिरते रहे हम तो...
बताओ... इस तपस्वी प्यार का आकार क्या होगा।।

बहुत मन था तुम्हारे रूप को रंगीन गीतों से
सजा कर साँझ से मैं भोर तक बस खेलता रहता
सदा श्रृंगार करता मै नये नूतन प्रतीकों से
तुम्हारे नर्म अधरों पर सदा ही डोलता रहता
महज़ कमज़ोरियों हैं ये हमारी भावनाओं की
अगर यूँ ही सदा गिरते रहे हम कामनाओं में
तो अपनी प्रीति के आदर्श का आधार क्यों होगा।।

तुम्हारे झील से गहरे दृगों में डूब जाता मैं
तुम्हारे स्नेह के सम्मुख सदा ही सर झुकाता मैं
मगर यूँ ही सदा आसक्ति वश गिरते रहे हम तो..
बताओ.... इस तपस्वी प्यार का आकार क्या होगा।।

जिन्हें हम बैठ कर वातानुकूलित कक्ष में पढ़ते
जो छपते संकलन में गीत वो कुछ और होते हैं
जिन्हें हम मूँद कर आँखें सुनाते मंच पर प्रतिदिन
बहुत कम उम्र है उनकी उन्हें हम रोज़ रोते हैं
बिकी हर साँस जिनकी बस प्रतिष्ठा और ख्याति पर
बताओ.... फिर हमारी साधना का भार क्या होगा।।

तुम्हारे झील से गहरे दृगों में डूब जाता मैं
तुम्हारे स्नेह के सम्मुख सदा ही सर झुकाता मैं
मगर यूँ ही सदा आसक्ति वश गिरते रहे हम तो...
बताओ.... इस तपस्वी प्यार का आकार क्या होगा।।

लँगड़े मन

लँगड़े मन बैसाखी लेकर तू जीवन भर चल
भूली बिसरी स्मृतियाँ, कुछ धुँधली आकृतियाँ
दोनों ही मौन खड़ी मिलता नहीं प्रश्नों का हल।।

गीत लिखे थे मैंने तो जलते सूरज के
पर बौने चाँद को नहीं भाये।
सन्ध्या से भोर तलक गुस्से से झुँझलाकर
बस उसने व्यंग ही सुनाये।
समझौते के प्रयत्न बहुत किये थे लेकिन
सबके सब हो गये निष्फल।
लँगड़े मन बैसाखी लेकर तू जीवन भर चल।।

किलकारी मारते बचपन के हाथों से
छीन ले गये बिस्किट, तानाशाही कौव्वे।
कौन करे किससे शिकायत अब बतलाओ
खड़ी तनी सभी बुजुर्गी भौव्वे।
हँसी उड़ाता मेरी आज स्वयं का आँगन
मेरी ही देहरी को सहलाकर।
लँगड़े मन बैसाखी लेकर तू जीवन भर चल।।

उन पीले पाँतों का टूटना ही बेहतर है
जिनका अस्तित्व ही बिखर जाये।
बासन्ती मौसम की परिभाषा कौन करे
शब्दों में अर्थ जब उलझ जाये।

ओ...सूखे पेड़ों के चित्र खींचने वालो
काग़ज़ पर कब उतरा है पतझर
लँगड़े मन बैसाखी लेकर तू जीवन भर चल।।

भूली बिसरी स्मृतियाँ कुछ धुँधली आकृतियाँ
दोनों ही मौन खड़ी मिलता नहीं प्रश्नों का हल
लँगड़े मन बैसाखी लेकर तू जीवन भर चल।।

सुनीता लुल्ला

मानो, वर्षों तक धारा के भीतर सुप्तस्थ बहने वाली नदी एक चट्टान के हट जाने भर से एकाएक मीठे पानी के झरने के रूप में फूट पड़ी हो और गीत-नवगीत, ग़ज़ल-नज़्म, मुक्तक, भजन, दोहे आदि आदि रचनाएँ क़ाग़जों पर कल-कल बहने लगे, ऐसा ही कुछ हुआ लगता है 25 वर्ष तक साधु वासवानी हाई स्कूल हैदराबाद की प्राचार्या, अब सेवानिवृत्त, कवि हृदया सुनीता लुल्ला के विषय में।

2 सितम्बर को जन्मी सुनीता जी ने बी.एड. तथा एम.ए. (हिन्दी तथा अंग्रेजी) किया है, आपके विषय में खरगोन, मध्य प्रदेश के कवि साहित्यकार कुँवर उदयसिंह 'अनुज' कहते हैं कि आपके गीत प्रेम अनुभूति में पगे हुए हैं। ग्राम्य जीवन की स्मृतियाँ जो मन के सन्दूक में बन्द हैं, तथा मन की कोमल भावनाएँ बहुत गहराई से आपके गीतों में व्यक्त हुई हैं। आपके गीत अतीत के गुलदस्ते हैं जिसकी भाषा एवं शिल्प बहुत सुन्दर है।

परिणामतः अनगिनत रचनाओं का सृजन एवं अवतरण निम्न किताबों में संग्रहित है:- (1) मैं ही हूँ (हिन्दी काव्य संग्रह), (2) कुछ रात कटे (ग़ज़ल संग्रह), (3) परिवर्तन के चक्रवात (हिन्दी गीत संग्रह), (4) परिंदा मन का (हिन्दी ग़ज़ल संग्रह), (5) मेरे भीतर आप (हिन्दी दोहा संग्रह) (6) खुशबू तूहिंजी यादुन जी (सिंधी ग़ज़ल संग्रह) (7) 'डा' को 'डा' को मनु (सिंधी ग़ज़ल संग्रह)

सुनीता जी का अपना प्रकाशन संस्थान है जिसके अन्तर्गत 16 पुस्तकों का प्रकाशन हो चुका है। लेखन प्रकाशन अनवरत जारी है।

मो. : 93911 73094

ई-मेल : sunita.lulla2@gmail.com

दायरे उम्मीद के...

दायरे उम्मीद के बढ़ने लगे हैं
हम गगन की मेंड़ पर चलने लगे हैं।

ये ज़मीं नापी है हमने आस्मां तक
दस्तख़्त हमने किये हैं उस जहाँ तक
युद्ध की भेरी भी छेड़ी है अगर तो ज़ख़्म
भी हमने भरे हैं, इन्तेहाँ तक फ़ासले ग़र थे
कहीं भरने लगे हैं

हम गगन की मेंड़ पर चलने लगे हैं।

थी चुनौती विश्व में हर प्राण घेरे क्या
चिकित्सा है कहीं, हर त्राण टेरे तब बनी
संजीवनी भारत की भूमि हर व्यथित
मानव ने डाले आज डेरे भाल-भारत
उच्चतम करने लगे हैं

हम गगन की मेंड़ पर चलने लगे हैं।

है सतत श्रम-साध्य ही निःशेष अपना
क्षेत्र विकसित है बना परिवेश अपना
राष्ट्र की सीमा सुरक्षा उच्चतम है
है सकल समृद्ध धन कल्पेश अपना
सप्त सिन्धु आज हम तरने लगे हैं

हम गगन की मेंड़ पर चलने लगे हैं।

सम्बन्धों की चादर झीनी

सम्बन्धों की चादर झीनी
रिश्तों के ताने-बाने
कौन समझ पाया है कितना,
कौन नहीं यह क्या जाने।

कभी रक्त के सम्बन्धों पर
निजी स्वार्थ-रथ का पहरा
कौन सतह पर तैर रहा है
कौन यहाँ कितना गहरा
गागर डूबी तब जाना है
तब तक भला कौन माने।

कभी हृदय की पगडंडी भी
सम्बन्धों के जंगल में
अपनी राह बना लेती है
संघर्षों के दंगल में
प्रश्न नहीं यह हार-जीत का
तीर किसी पर क्यूँ ताने।

परिभाषा में कब बँधता है
ख़ुशबू का एहसास हवा
दर्द जहाँ सम्बन्धों का है
केवल देता यही दवा
सीधी लीक कहाँ चल पाते
मनमौजी ये मनमाने।
सम्बन्धों की चादर झीनी
रिश्तों के ताने-बाने।

पग-पग पर छलना ......

पग-पग पर छलना देखी है
फिर भी है विश्वास अभी
थोड़ी सी मदिरा बाक़ी है
और बहुत है प्यास अभी।

घूँट-घूँट भर पीना चाहा
प्याला लब तक नहीं मिला
रही प्रतीक्षा चिर चुम्बित ही
नहीं मगर कुछ आज मिला
मेरे हिस्से का बाक़ी है
दूर कहीं मधुमास अभी
थोड़ी सी मदिरा बाक़ी है
और बहुत है प्यास अभी।

इसी प्रतीक्षा ने रच डाले
छन्द-बन्ध-मकरन्द भरे
मन की बगिया रही महकती
पुष्प-पत्र भी सदा हरे
लिखते-लिखते पूरन होगा
जो आधा इतिहास अभी
थोड़ी सी मदिरा बाक़ी है
और बहुत है प्यास अभी।

मृदु भावों की यही तपस्या
एक दिवस वरदान बने
पूरित होते ही भविष्य का
नया कहीं उन्वान बने
राज हृदय पर करना होगा
नहीं मिले वनवास अभी
थोड़ी सी मदिरा बाक़ी है
और बहुत है प्यास अभी।

और बहुत कुछ बाक़ी है

अनगिन साल नहीं है काफ़ी और बहुत कुछ बाक़ी है।
अब भी है थोड़ी सी मदिरा और सजग ये साकी है।।
जीवन की मधुशाला सचमुच अभी कहाँ चुक पायी है।
क़लम अभी तक है हाथों में और हृदय में स्याही है।।

कितने ही पन्ने हैं कोरे और अधूरी गाथा है।
दृष्टि जमी हुई दूरी पर अंतस ने कुछ साधा है।।
बूँद-बूँद कर घूँट भरेंगे जितनी रसना आती है।
अब भी है थोड़ी सी मदिरा और सजग ये साकी है।।

अभी दीप ये और जलेगा और उजाला करना है।
दूर-दूर भी कहीं दिखे तो अँधियारा वो हरना है।।
तन की माटी, मन का संदल अभी और दिन महकेगा।
अभी प्रणय प्राणों का पंछी मुक्त स्वरों में चहकेगा।।

रात भले कितनी गहराये मस्ती की जगराती है।
अब भी है थोड़ी सी मदिरा और सजग ये साकी है।।
अभी ललक जीवन की बाक़ी धड़कन में है जान अभी।
सरगम अभी अधूरी सी है कुछ-कुछ बाक़ी तान अभी।।

बचपन अभी यहीं ठहरा है तन-मन अभी कहाँ भीगा।
अभी नाच पैरों में रुनझुन घूमर ताल कहाँ छीजा।।
इतना सब बाक़ी है जो भी इस जीवन की थाती है।
अब भी है थोड़ी सी मदिरा और सजग ये साकी है।।

अनगिन साल नहीं है काफ़ी और बहुत कुछ बाक़ी है।
अब भी है थोड़ी सी मदिरा और सजग ये साकी है।।

मैं उजियार खोजने निकला

शब्दों की आँखों से हर दिन।
मैं उजियार खोजने निकला।।

कहने को सूरज था हरदिन
फिर भी तो था तम गहराया
अन्तर्मन ने चाँद बुलाया
मेरे पास कहाँ रह पाया
तभी क़लम ने बाँह गही तो
मैं संसार खोजने निकला।।

शब्दों की आँखों से हर दिन।
मैं उजियार खोजने निकला।।

शब्द ब्रह्म है कभी सुना था
मगर उसे मैं कब लख पाया
अन्तर्मन अमृत का घट था
सहज सरल पर कब चख पाया

मन का मृग कस्तूरी चाहे
जंगल-जंगल भटक रहा था
एक बूँद की चाह अटल थी
मैं भण्डार खोजने निकला।।

शब्दों की आँखों से हर दिन।
मैं उजियार खोजने निकला।।

कभी अमीरी कभी फ़क़ीरी
दर-दर मुझको भटकाती थी
कहीं तड़प थी शब्दहीन सी
पल-पल मन को तड़पाती थी
मन्दिर-मस्जिद भी क्या करते
पुस्तक-पोथी से क्या होता

अनहद नाद जहाँ बजता मैं
तारनहार खोजने निकला।।

शब्दों की आँखों से हर दिन।
मैं उजियार खोजने निकला।।

करवट बदल कर रात कर

फेर मत मुखड़ा उधर, करवट बदल कर रात कर
आँख मूँदे ही सही पर ज़िन्दगी की बात कर।।
जो भी तूने दे दिया था
मुझे सब कुछ कुबूल हो
दुआएँ या मुरादें
हाँ तो कह सौगात कर।।
फेर मत मुखड़ा उधर, करवट बदल कर रात कर
आँख मूँदे ही सही पर ज़िन्दगी की बात कर।।
रास्ते फिर से बनाना
है सदा फ़ितरत मेरी
हारना मैंने न सीखा
तू मुझे मत मात कर।।
फेर मत मुखड़ा उधर, करवट बदल कर रात कर
आँख मूँदे ही सही पर ज़िन्दगी की बात कर।।
करवटें तेरी बदलना
हाथ में अब भी मेरे
तू मुझे बदलेगी कैसे
चाह कोशिश सात कर।।
फेर मत मुखड़ा उधर, करवट बदल कर रात कर
आँख मूँदे ही सही पर ज़िन्दगी की बात कर।।
ज़िन्दगी बस वो नहीं
जो तुम हमें देते रहो
हम में कोई बात है
तू ठीक अपनी जात कर।।

फेर मत मुखड़ा उधर, करवट बदल कर रात कर
आँख मूँदे ही सही पर ज़िन्दगी की बात कर।।
आज है तुझको चुनौती
कर ले जो करना तुझे
मैं ही अब बदलाव अन्तिम
कीच का जलजात कर।।
फेर मत मुखड़ा उधर, करवट बदल कर रात कर
आँख मूँदे ही सही पर ज़िन्दगी की बात कर।।

नींद के जज़ीरे पर

ज़िन्दगी की भोर थी उजास कोसों दूर थी
मगर ये आँख बन्द थी वो स्वप्न थी या नूर थी।।

वो कौन सा जहान था, जहाँ से चलके आ गये
न जाने क्या हुआ हमें, ये शूल कैसे भा गये।।

नज़र खुली तो धूप थी जला रही थी तन-बदन
कहीं पे ये ख़याल था कि हम हुए जलावतन।।

मगर सफ़र तलाश का, शुरू कहाँ ख़तम कहीं
रेशमी कहीं लगा तो फिर लगा सितम कहीं।।

तुम्हारा वायदा रहा यहीं कहीं मिलेंगे हम
कि तीरगी की छाँह में उफ़क से फिर ढलेंगे हम।।

मगर ज़मीं के आख़री मुकाम तक तो आ गये
समन्दरों का शोर है ये, हम जहाँ पे छा गये।।

चलो हमारी दस्तरह समन्दरों के पार हो
कहीं पे दूर दिख रहा वो नींद का मजार हो।।

क़रीब आ गये तो फिर जज़ीरे का पयाम था
शायद यही वो नींद का आख़री मकाम था।।

चिराग ले के हाथ में तभी यहाँ पे आ गये
वो फातिहा कलाम का जो तुम यहाँ पे गा गये।।

ये नींद आख़िरी यहाँ तलाश ख़त्म हो गयी
अज़ल से थक चली थी जो यहीं कहीं वो खो गयी।।

अब भी कुछ जीवन बाक़ी है

सब कुछ पत्थर नहीं हुआ है
अब भी कुछ जीवन बाक़ी है।।

कभी एक नन्हा सा पौधा
बन कर हम बाहर आते हैं
जीवन का आगे ही बढ़ना
हमीं समय को सिखलाते हैं
आज पात जो छोटे दिखते
कल के पेड़ बड़े बन जाते
प्राण अभी बाक़ी है हममें
और अभी तन-मन बाक़ी है।।

कभी पवन अन्धड़ सी आती
फूल पात सब झड़ जाते
कभी दूब पर हम चलते तो
कभी खार भी गड़ जाते
पतझड़ का मौसम भी देखा
कभी बहारों का सन्दल
मन की मिट्‌टी कभी महकती
और अभी चन्दन बाक़ी है।।

जीवन एक चदरिया झीनी
पूरे पैर कहाँ ढकते हैं
कभी नेमतें मिल जाती हैं
ख़ाली हाथ कभी तकते हैं

मगर धैर्य का सम्बल लेकर
थोड़ी देर कभी रुक जाते
चादर कहीं उधड़ जाती है
अभी कहीं सीवन बाक़ी है।।

सब कुछ पत्थर नहीं हुआ है
अब भी कुछ जीवन बाक़ी है।।

बादल पर हम गीत बुनें

फूलों पर हम करें बसेरा
बादल पर हम गीत बुनें
टिम-टिम करते तारों से हम
धड़कन का संगीत सुनें।।

पुस्तक, पन्ने, क़लम हमारे
साथी हैं मन-प्राण सभी
हम इनसे ही जीवन पाते
इनमें देखें ईश कभी
जीवन का क्या मोल हुआ है
टप-टप टपके नैन गुनें।।

मगर हमारी क़लम बनी है
मिट्टी धूप के बानों से
हमने अपने व्रण धोये हैं
दुख दर्दों के तानों से
आज उन्हीं से गीत ढले तो
उनसे ही हम भाव चुनें।।

हम सन्देश धरा का देंगे
चाँद सितारे वालों को
सत्य यहीं पायेंगे जग का
साफ़ करेंगे जालों को
आने वाली सदियों को हम
जो देंगे वो बात तुनें।।

फूलों पर हम करें बसेरा
बादल पर हम गीत बुनें
टिम-टिम करते तारों से हम
धड़कन का संगीत सुनें।।

फूल पत्तियाँ ख़ुशबू तेरी

फूल पत्तियाँ ख़ुशबू तेरी
काग़ज़ क़लम मेरी ही बात
चाहूँ भी तो कर ना पाऊँ
मन से तेरी कभी निजात।।

बादल-बादल ढूँढ़ा तुझको
बिजली से भी पूछ लिया
मन से पूछा जब भी मैंने
उत्तर में आयी बरसात।।

तुमसे मिलना शायद मेरा
मुश्किल तुमको लगता हो
मगर ताल में मन के मेरे
दिखते हो मुझको जलजात।।

मौसम-मौसम रूप बदल कर
खिले कभी तुम कभी झरे
साथ तुम्हारे हम भी तो
बनकर सूखे झरते पात।।

नेह तुम्हारा साथ रहा था
छुअन तुम्हारी दूर कहीं
फिर भी मन भर हमको लगता
तुम ही हो अन्तिम सौगात।।

सोचा जब भी मैंने तुमको
ख़ाली हाथ नहीं रहती
क़दम-क़दम पर रूप बदल कर
मिलते हो बनकर सौगात।।

फूल पत्तियाँ ख़ुशबू तेरी
काग़ज़ क़लम मेरी ही बात
चाहूँ भी तो कर ना पाऊँ
मन से तेरी कभी निजात।।

साधो! दूर पिया का गाँव

साधो!
दूर पिया का गाँव।।

चलते-चलते
दूखन लागे
फटी बिवाई पाँव
बाट सही
अब तक न जानी
अनजाना है ठाँव।

साधो!
दूर पिया का गाँव।।

छोड़ दिया
घर-बार दुआरा
ठंडा छप्पर छाँव
और फ़क़ीरी
जोग लिया है
लगा साँस पर दाँव।

साधो!
दूर पिया का गाँव।।

निकल पड़े हैं
जंगल-जंगल

ढूँढ़ें उसका थाँव
बैन करे हैं
और भरी है
कागा वाली काँव।

साधो!
दूर पिया का गाँव।।

कोई दूर चला जाये

हाथ मुहब्बत से देकर के हाथों में
कोई दूर चला जाये... होता है क्या?

चुप्पी सी होठों पर कोई बात नहीं
अपनी सी कहने की भी वो रात नहीं
दस्तक हो दिल के दरवाज़े खुल जायें
मगर प्रेम की कोई भी सौगात नहीं
यूँ ही असमंजस में ये मन रह जाये
और वो दूर चला जाये... होता है क्या?

हाथ मुहब्बत से देकर के हाथों में
कोई दूर चला जाये... होता है क्या?

बार-बार तब मन में प्रश्न उठा करते
कोरे से काग़ज़ पर हम और लिखा करते
कुछ अक्षर हैं जिनके अर्थ नहीं मिलते
और कई अर्थों के लफ़्ज़ हुए गुम हैं
कुछ ऐसा भी ढूँढ़ कभी हम ना पायें
ख़ाली हाथ चला जाये... होता है क्या?

हाथ मुहब्बत से देकर के हाथों में
कोई दूर चला जाये... होता है क्या?

क्यूँ ऐसा होता है मन जिसको चाहे
बिना कहे वो बीच राह में मुड़ जाये

वजह नहीं उसके आने की हमें ख़बर
और पलट कर जाने का भी नहीं पता
माना प्रीत की रीत अनोखी होती है
एक अकेला रह जाये... होता है क्या?

हाथ मुहब्बत से देकर के हाथों में
कोई दूर चला जाये... होता है क्या?

पंखुरी

पंखुरी पर
आ गिरी है
बूँद जैसे ओस की

एक सिहरन
एक उलझन
छू गयी कोमल कली
भान उसको
हो न पाया
वो खिली थी या जली
तन्तुओं में
झनझनाहट
सी रही थी बोस्की

एक पशमीना
बुनावट
रेशमी सा जाल था
धूल में
लिपटी थी पर वो
रंग था या गुलाल था
ठंड उसको
लग रही थी
रात जैसे पोस की

पंखुरी थी
एक क्षणिका
गुम कहीं विस्तार था
कुछ नहीं
आभास उसको
गन्ध का निस्सार था
पास हो कर
भी रही थी
दूरियाँ वो कोस की

कहते हैं, नवगीतों में कुछ

कहते हैं, नवगीतों में कुछ नया-नया हो
मगर कहाँ कुछ नया रह गया इस जीवन में।

वही सुबह की चाय, पुराने प्याले-व्याले
एक दूसरे के करतब सब देखे-भाले
समाचार भी कुछ अच्छी बातें कब करते
किसका दोष सदा इस उस के मत्थे मढ़ते
ठहर गया है कुछ रेतीला अब चिन्तन में।

पहले हम गीतों में कुछ मीठा गाते थे
उड़े रंग तो नया-नया भरते जाते थे
नहीं मिला जो हम उसकी आशा रखते थे
आसमान में नये-नये तारे तकते थे
शुष्क काष्ठ सा गड़ा रह गया, कुछ मन्थन में।

अधिकारों की भी अब परिभाषा बदली है
मधुमक्खी सा डंक मारती हर तितली है
फूलों ने भी काग़ज़ का बाना पहना है
नक़ली पीतल आज सभी का बस गहना है
अपनापन भी कहाँ रह गया अब बन्धन में।

कहते हैं नवगीतों में कुछ नया-नया हो
मगर कहाँ कुछ नया रह गया इस जीवन में।।

मैं माचिस की तीली

मैं माचिस की तीली सजना,
मैं माचिस की तीली सूख
नहीं पायी अन्तस तक रही
आज भी सीली।

जलना ही प्रारब्ध रहा था
और भाग्य भी बलता
मेरा कोई दोष नहीं पर
हृदय मिला था गलता
अग्नि में प्रत्यंग रहा पर
आँख सदा ही गीली
मैं माचिस की तीली।

मैंने सबमें रंग भरे थे
हरे... गुलाबी पीले
साँस जहाँ भी डूबी जिसकी
उसे कहा तू जी ले
रीती थी जो नेह गगरिया छू
कर करी रसीली
मैं माचिस की तीली।

जीवन की राहों में पानी
मगर आग भी चाहे
और सन्तुलन भी रखना है
गाहे और बगाहे

नब्ज़ डूबने तक रक्खी थी
आँच सदा स्वप्निली
मैं माचिस की तीली।

मैं माचिस की तीली सजना,
मैं माचिस की तीली सूख
नहीं पायी अन्तस तक रही
आज भी सीली।
मैं माचिस की तीली।

गीत चिन्तन के...

गीत चिन्तन के चमन में
फूलता फलता रहा।।

जन्म पीड़ा से हुआ था
नेह की एक बूँद का
था पवन भरता रहा
प्राण उसमें मूँदता
वेदना के रक्त से
सिंचन किया हर बार यों
इस तरह वो धूप में भी
छाँव सा पलता रहा
गीत चिन्तन के चमन में
फूलता फलता रहा।।

थी डगर समतल कभी तो
थे कभी प्रस्तर बड़े
यूँ सृजन के पन्थ पर तो
मोड़ भी बहुतर खड़े
थीं चुनौती की हवाएँ
साथ था साहस सदा
पास थी ये लेखनी
गीत भी चलता रहा
गीत चिन्तन के चमन में
फूलता फलता रहा।।

रूठ गयी क्यों घर आँगन से

रूठ गयी क्यों घर आँगन से
मधुरिम सम्बन्धों की छाया

यही आँगन लिपा-पुता था
ओसारे में एक दिया था
तुलसी चौरा हल्दी कुमकुम
गंगा-जल का घूँट पिया था
जाने कैसी हवा चली फिर
जिसने मन-मानस भरमाया

शंख-ध्वनि अब कहीं सो गयी
कड़वी-काली पौन हो गयी
रेखा एक खिंची है घर में
अपनेपन की सौंह खो गयी
पेड़ गिरा हो ज्यों बरगद का
हमसे छूट गया सरमाया

एक क़िले जैसा वो घर था
कच्चा था वो पर मन्दिर था
दरकीं अब वो दीवारें हैं
तड़क गया वो सब मंज़र था
पुश्तों की वो धरा हिली क्यों
लगा एकता का था पाया

वातायन

कभी मित्र हैं कभी
है अवसर संवेदन
सम गायन हैं
कभी-कभी यह प्राण पल्लवित
जीवन के वातायन हैं।।

प्रस्तर की प्राचीर बनी है
हम सबको निसदिन घेरे
श्वास हृदय की अति दुर्लभ है
दुश्चिन्ताओं के डेरे
स्मृतियों के अल्बम खुलते जो
संजीवनी रसायन है
तब लगता है आज पुनः यह
जीवन के वातायन हैं।।

बात जुदा है तोड़ न पाये
हम रिश्तों की दीवारें
हृदय मगन फिर भी है गढ़ता
संकल्पों की मीनारें
अपनी परिधि के भीतर भी
सुख के यह संचायन हैं
यह प्रयास भी भले अल्प हों
जीवन के वातायन हैं।।

है संगीत किसी को मिलता
सुख के साधन सहज सुलभ
प्राण-तूलिका चित्र उकेरे
नित नवीन हैं भाव शलभ
कोई कविता की गंगा में
तरे, यही सुखदायन है
कालजयी, अनमोल धरोहर
जीवन के वातायन हैं।।

देख खड़ा विश्वास

बंजर धरती तेज़ हवाएँ
बिगड़ा है आकाश।
फिर भी अपना शीश उठाकर
देख, खड़ा विश्वास।।

पत्ता-पत्ता टूट गया है
लगता जीवन रूठ गया है।
फिर भी देखो ठूँठ बनी सी
ज़िन्दा है हर आस।।

जड़ें ज़मीं में गहरी रखना
तूफ़ानों को यूँ ही सहना।
इच्छा शक्ति हार न पाये
ये जीना है ख़ास।।

वक़्त के धारे कब पलटेंगे
मूड हवाओं के बदलेंगे।
जीवन फिर हमसे ही वापस
रखेगा दरखास।।

एक नया इतिहास बनेगा
वक़्त क़लम के पास लिखेगा।
बिन बोले ही कर्म पढ़ेगा
एक नयी अरदास।।

बस तब तक ही मन ना लेना
जीवन से संन्यास।।

मैं नारी हूँ

मैं नारी हूँ
मैं विश्व जनूँ महतारी हूँ
मैं नारी हूँ।।
जीवन है मुझको ही आता
और विश्व क्षुधा भर पाने को
अमृत-घट मुझमें ही पाता
मैं त्यागमयी, मैं प्रेममयी
प्राणों को दे, बलिहारी हूँ
मैं नारी हूँ।।

मैं ज्ञान लोक,
आलोक लोक
अवनि अम्बर तक मैं प्रलोक
निस्तारमयी, विस्तारमयी
मैं वो तलवार दुधारी हूँ
मैं नारी हूँ।।

इस जीवन का अनुबन्ध हूँ मैं
नियति का सृजा प्रबन्ध हूँ मैं
इतिहास है मैंने ही सिरजा
और धर्म-ध्वजा भी मैं ही हूँ
मैं तेजमयी, मैं कान्तिमयी
मैं स्वप्नलोक व्यवहारी हूँ
मैं नारी हूँ।।

अग्नि का एक प्रभंजन हूँ
मैं नीर-क्षीर हूँ जलद वृन्द
शक्ति भी मैं, भक्ति भी मैं
मैं शीतल सुन्दर पवन मन्द
हर ओर-छोर प्रतिहारी हूँ
मैं विश्व-विजयी सन्नारी हूँ
मैं नारी हूँ।।

डॉ. सुनीता सिंह 'सुधा'

डॉ. सुनीता सिंह सुधा की सृजनात्मक एवं शैक्षणिक उपलब्धियाँ अद्‌भुत हैं... 9 फ़रवरी को जन्मी सुनीता सिंह ने काशी हिन्दू विश्वविद्यालय, वाराणसी से हिन्दी साहित्य में एम.ए. किया तत्पश्चात पीएच.डी. भी। आप ग़ज़लें, कविता, कहानी, आलेख आदि का लेखन, सम्पादन, साहित्यिक गतिविधियाँ तथा सेवा में निरन्तर-रत रहती हैं।

आपकी रचनाओं का प्रकाशन निम्न हैं:

(1) शब्द सेतु (कविता संग्रह), (2) काव्य दर्श (कविता संग्रह), (3) साहित्यिक पत्रकारिता और मर्यादा (गद्य ग्रन्थ), (4) मेरी धरती मेरा गाँव (सम्पादित ग्रन्थ), (5) आधुनिक हिन्दी गद्य के पुरोधा (आलोचना ग्रन्थ), (6) संत वषनां की काव्यानुभूति (आलोचना ग्रन्थ), (7) फाग के रंग रंग प्रेम तरंग (सम्पादित ग्रन्थ)

इसके अतिरिक्त प्रतिष्ठित पत्र-पत्रिकाओं में आलेख, राष्ट्रीय-अन्तरराष्ट्रीय शोध पत्रों का प्रकाशन, आकाशवाणी हिन्दी वार्ताकार आदि अन्य गतिविधि एवं उपलब्धियाँ आपकी मुकुट-मणि है।

जवाहरलाल नेहरू विश्वविद्यालय, दिल्ली से श्रेष्ठ शोध पत्र सम्मान, सोशल डेवलपमेंट अवॉर्ड, दिल्ली तथा पूर्व हिन्दी भाषा संस्थान सम्मान, शिलांग से अलंकृत विदुषी वर्तमान में बाबा मस्तनाथ विश्वविद्यालय रोहतक में हिन्दी विभागाध्यक्ष के रूप में कार्यरत हैं।

मो. : 9671619238

ई-मेल : sksinghsingh4146@gmail.com

जब भी कविता लिखने बैठूँ

जब भी कविता लिखने बैठूँ,
लिख जाता है नाम तुम्हारा।
जब-जब होता व्यथित तुम्हीं ने
अन्तरमन को दिया सहारा।।

तुम हो रस-छन्दो की हाला,
पीकर मैं होता मतवाला।
चढ़ा हुआ हूँ विश्व मंच पर,
पहन प्रीति की उजली माला।।

साँस-साँस में सौरभ भरकर
तुमने ही तो नित्य दुलारा।
जब भी कविता लिखने बैठूँ,
लिख जाता है नाम तुम्हारा।।

उत्सर्जित कर तुम भावों को,
स्वर्ण मोद में नहलाते हो।
भर कर अन्तर्मन में पीड़ा,
भ्रमर गीत अक्सर गाते हो।।

तुम्हीं कंटकाकीर्ण मार्ग में,
भरते हो अभिनव उजियारा।
जब भी कविता लिखने बैठूँ,
लिख जाता नाम तुम्हारा।।

पावन सरिता-सा लहराते,
उर-जलधर में ज्वार उठाते।
मन में नील गगन घन भरते,
कौंध कभी चपला-सा जाते।।

गुलमोहर-रक्तिम आभा में,
मीठे स्वर ने मुझे पुकारा।
जब भी कविता लिखने बैठूँ,
लिख जाता नाम तुम्हारा।।

फागुन मधुमास हुए

जितने दूर हुए तुम तन से,
मन के उतने पास हुए।
फैली गन्ध मधुर अन्तर में,
ज्यों फागुन-मधुमास हुए।।

नित सुधियों के बादल उमड़े,
आलोड़ित करते हिय को।
अन्तर्मन की प्रीति खोजती
सुधियों में अपने प्रिय को।।
खुद में ढूँढ़ रही हूँ तुमको,
तुम तो प्रतिपल श्वास हुए ।
जितने दूर ....।

मन का खिला-खिला मधुवन है ,
गुलमोहर-सी मृदुल छुवन।
बाँहों में कस रही वक्ष को
अमरित छलकाती चितवन।
तन से उड़ा रहे आँचल को,
आकाशी उल्लास हुए।
जितने दूर ....।

यादों से महका मन-आँगन
निर्जन से अनुबन्ध हुआ।

सुध-बुध सब खोकर तुझसे ही,
जब प्रेमिल सम्बन्ध हुआ।।
धड़कन-धड़कन में निशिवासर
तुम सुख के आभास हुए।
जितने दूर ....।।

ज़िन्दगी की किताब से

आज ज़िन्दगी की किताब से
अपनेपन के पृष्ठ फटे हैं।
अक्षर-अक्षर धुँधलाये अब,
मनः आवरण सभी हटे हैं।।

भय ने संवेदन सब छीने,
करती रोदन आँख अकेली।
उनका माँगे साथ सहज ही,
तोड़ सभी पाँखों को ले-ली।।

छूटे अब पतवार सभी तो
आग-भँवर से सब लिपटे हैं।
आज ज़िन्दगी की किताब ...।।

झाँक रहे अपने कोटर से
सन्नाटे को निश दिन जीते।
बहा शून्य में ही सरिता को
अन्तर घुट पीड़ा का पीते।।

रहा द्वन्द्व झकझोर चित्त को
खण्ड-खण्ड उर भाव बँटे हैं।
आज ज़िन्दगी की किताब....।।

अँधियारे में जान घिरी है
ख़ून, ख़ून को छोड़ रहा है।

संयम छलता जीते जी, ख़ुद
रिश्तों का घट फोड़ रहा।।

मानवता के पथ पर अनगिन
पाहन बनकर प्रश्न अटे हैं।
आज ज़िन्दगी की किताब ...।।

अच्छा तुम ही जीती मुझसे

अच्छा तुम ही जीती मुझसे
मैं मान रहा हूँ हार प्रिये।
छोड़ो हठधर्मी अपनी अब
तुम ही मेरा श्रृंगार प्रिये।।

तुमसे ही जोत जली मन में
पावन हिय में गंगा बहती।
अधरों पर नित मुस्कान धरे
नयनों में मादकता भरती।।

तुम कितनी मनभावन मधुरिम
तुमसे सजता घर द्वार प्रिये।
अच्छा तुम ही जीती मुझसे
मैं मान रहा हूँ हार प्रिये।।

तुम अमर लता सी आस लिए
मन भटक रहा था वैरागी।
मैं पुष्प गन्ध, मकरन्द तुम्हीं
तुमसे ही प्रिये लगन लागी।।

प्यासे अधरों को मान दिया
कोटिक तेरा आभार प्रिये।
अच्छा तुम ही जीती मुझसे
मैं मान रहा हूँ हार प्रिये।।

चितवन कटार सी चलती है
नयनों से अग्नि वाण चलते।।
क्यों दया नहीं करते मुझ पर
अधरों पर चिंगारी धरते।।

तुम ही मेरा प्रिय आलम्बन
तुम प्रीति-रीति आधार प्रिये।
अच्छा तुम ही जीती मुझसे
मैं मान रहा हूँ हार प्रिये।।

वन्दना

हे शारदे, वन्दन नमन
विनती करो, स्वीकार माँ ।
शुचिता सदा, उर में भरो
प्रज्ञा सुफल, संस्कार माँ ।।

श्वेताम्बरा, कर मति विमल
अन्तर बहे, धारा तरल ।
दे लक्ष्य अब, पावन सकल
भर शक्ति रस, हर भव गरल ।।

हो स्नेह की, भाषा नयन
उर में भरो, श्रृंगार माँ ।
हे शारदे, वन्दन नमन
विनती करो, स्वीकार माँ ।।

अभिनव भरो, चिन्तन सदा
स्वर लय भरो, पावन हृदय ।
सत्यम् शिवम्, शुचि सुन्दरम्
सम्पन्न कर अन्तर् सदय।।

भर निरझरी, संगीत की
वीणा करो, झंकार माँ ।
हे शारदे, वन्दन नमन
विनती करो, स्वीकार माँ ।।

हो लेखनी, धर्मार्थ अब
बन सारथी, तू ज्ञान रथ
नित नव सृजन अनूदित करूँ
भागीरथी, दे नित्य पथ ।।

मन में सदा, आलोक भर
कर शुभ्रता, संचार माँ ।
हे शारदे, वन्दन नमन
विनती करो, स्वीकार माँ ।।

तुम बोलो मैं लिखता जाऊँ

तुम बोलो मैं लिखता जाऊँ
प्रेम गीत यूँ सृजन करें ।
भावों का मधुआलिंगन कर
पद्म पुष्प का चयन करें ।।

कुछ कह लो अपने अन्तर् की
कुछ सुन लो मेरे मन की ।
अधरों से छू कर अधरों को
श्वास बढ़ा दो जीवन की ।।

चिर अभिलाषाएँ महकाकर
गठबन्धन अब सघन करें ।
तुम बोलो मैं लिखता जाऊँ
प्रेम गीत यूँ सृजन करें ।।

मंजुलता का मान बढ़ा कर
किरणें चुन ले उज्ज्वल की ।
कुसुम सुरभि मकरन्द घोलकर
चिह्न बनो तुम पगतल की ।।

कोमल किसलय मर्मर रव भर
हृदय समर का कथन करें ।
तुम बोलो मैं लिखता जाऊँ
प्रेम गीत यूँ सृजन करें ।।

रस छन्दों की गागर से प्रिय
अर्थ अनूठे निकलेंगे ।
मोहित कर देंगे उर-स्वर को
फूल राग के महकेंगे ।।

सत्यम् शिवम् सुन्दरम् से
प्रीति रीति का चलन करें ।
तुम बोलो मैं लिखता जाऊँ
प्रेम गीत यूँ सृजन करें ।।

और समीर सुगन्धित है

वृन्त-वृन्त पर फूल खिले हैं
और समीर सुगन्धित है ।
नयनों में मादकता भरके
कलिका भी उत्कंठित है ।।

चंचल चित्त डोलते मधुकर
तुहिन बिन्दु तन चूम रहे
रस रंगों से भरी धरित्री
तृप्त पपीहा घूम रहे ।।
प्रीति-पवन घट-घट संचारित
पात-पात अभिमन्त्रित है ।
वृन्त-वृन्त पर फूल...........।।

देख सौरभी की चितवन अब
प्रेमिल हिय अलि व्याकुलता ।
अपने मन की अँगनाई में
ओढ़े परिमल मंजुलता ।।
रति अनंग के प्रतिवेदन से
शोभित तन-मन सिंचित है ।
वृन्त-वृन्त पर फूल...........।।

ऋतु बसन्त में अम्बर भी अब
गाते हैं नवगीत मधुर

हृदय वाटिका मुस्काती है
अधरों पर मनमीत मधुर।।
मन के हर पल्लव में ही अब
प्रीति रीति अवगुंठित है ।
वृन्त-वृन्त पर फूल...........।।

रिमझिम फुहार

प्रियता की रिमझिम फुहार से
खिली रहे जीवन-फुलवारी ।
पुष्प गन्ध-सा अवगुंठन में
हृदय हारता प्रेम-पुजारी।।

है मुस्काती कोमल कलिका
निरखे प्रकाश आया आँगन।
नयनों यौवन-घट छलकाती
भीगा अन्तर घिरता सावन।।

प्रिय-अधरों की चषक बढ़ाकर
मन भरती कुंकुम उजियारी।
प्रियता की रिमझिम फुहार से
खिली रहे जीवन-फुलवारी।।

प्रीति लिए वासन्ती वैभव
शिखर मोद के प्रिय सँवारती।
बैठ, सुहाग-सेज इठलाये
हास कलरवी, नित पसारती।।

मेरा मन मीरा हो जाता,
तुम भी हो जाते गिरधारी।
प्रियता की रिमझिम फुहार से
खिली रहे जीवन-फुलवारी।।

समाधिस्थ नित प्रेम रहें द्वै,
मेघ घटा से नित अपभरता।
मनोहारिता में रजनी की
चाँद चन्द्रिका पर ही मरता।।

आलिंगन के भरे सुखों पर
मंगल प्रीति रहे बलिहारी।
प्रियता की रिमझिम फुहार से
खिली रहे जीवन-फुलवारी।।

आओ गले लगा लूँ

आओ गले लगा लूँ प्रियवर
हर्षित मेरा मन हो जाये।
छेड़ राग दो इन अधरों पर
अन्तर में वादन हो जाये।।

ले अपना स्वर्णिम शेष सुमन
कोलाहल से हम दूर चलें ।
प्रमुदित प्रसून सा मोद भरे
है प्रेम रत्न अब हृदय पले।।

प्रीति रहे पावन दम्भ भरी
भावों से सिंचन हो जाये ।
आओ गले लगा लूँ प्रियवर
हर्षित मेरा मन हो जाये ।।

कुछ तुम बोलो कुछ मैं बोलूँ
नयनों की भाषा मैं पढ़ लूँ ।
भूला दुनिया पल में जाऊँ
अपने पाखों को मैं कस लूँ ।।

व्याकुल कर माझी अन्तर में
मधुर मौन गुंजन हो जाये ।
आओ गले लगा लूँ प्रियवर
हर्षित मेरा मन हो जाये ।।

पुलकित सारा मन उपवन हैं
यौवन मद को हैं छलकाते ।
अपने आलिंगन पर वारे
मधुकर मीठे स्वर में गाते ।।

सजा सबेरा दो नयनों में
शोभित यह चितवन हो जाये ।
आओ गले लगा लूँ प्रियवर
हर्षित मेरा मन हो जाये ।।

सौंधी गन्ध लिए आ जाओ

सौंधी गन्ध लिए आ जाओ,
हृदय कँवल कुसुमित हो जाये।।
अन्तर मन खंजन-सा चहके,
घर आँगन सुरभित हो जाये।

लेकर संजीवनी प्रेम की,
मैं नित प्रति जीवित हो जाऊँ।
भूल गयी थी सुख के पल को,
नयन कक्ष में अब खो जाऊँ।।
दूर विश्व कोलाहल से हो,
प्रेम तार गुम्फित हो जाये।
सौंधी गन्ध लिए आ जाओ,
हृदय कँवल कुसुमित हो जाये।।

आओ पार चलें पीड़ा के,
प्रमुदित ले संसार चलेंगे।
स्वर्णिम खिली हुई सन्ध्या में,
मन में मधुरिम गान भरेंगे।
प्रेम सुधा की बूँदें पीकर,
रोम-रोम पुलकित हो जाये।
सौंधी गन्ध.....................।

बीत रही है दुख की रजनी,
आँचल भरती शुभ्र ज्योत्सना।

छलक रही है मन की गागर
हुई तिरोहित ज्यों उपासना।
प्रेम बेल अब फैल गयी है,
अन्तरंग हर्षित हो जाये।
सौंधी गन्ध ....।

विकल बहराइची (कौशलेश प्रताप सिंह)

आप, बाल्यकाल से ही साहित्यिक अभिरुचि के कारण डायरी में अपनी कच्ची रचनाओं को संकलित करते रहे हैं। कई वर्ष पश्चात अपनी कर्मभूमि के पन्तनगर जनवाणी 'रेडियो चैनल' पर उन्हें लय बद्ध कर प्रसारित करने का अवसर मिला। संकोची स्वभाव के कौशलेश प्रताप सिंह के लिए यह उपजाऊ साहित्यिक भूमि रही, कि वे अब तक 500 से अधिक मंच पर अपना काव्य पाठ कर चुके हैं।

कई साहित्यिक सम्मान से अलंकृत आप गीत-ग़ज़ल, छन्द, दोहे आदि का सृजन, रेडियो चैनल तथा दूरदर्शन पर काव्य प्रस्तुति एवं संचालन में निरन्तर व्यस्त हैं। साथ ही साथ आप पन्तनगर, उत्तराखंड के श्री गोविन्द बल्लभ पन्त कृषि एवं प्रौद्योगिक विश्वविद्यालय के अन्तर्गत पशु चिकित्सा एवं पशुपालन विज्ञान महाविद्यालय में कार्यरत रहे हैं।

आप 'विकल बहराइची' के साहित्यिक उपनाम से रचनाएँ प्रस्तुत करते हैं, आप अच्छे साहित्यकार तो हैं ही, सुमधुर आवाज़ के धनी, चित्रकार शिल्पकार भी हैं, अवध क्षेत्र के रहवासी होने के कारण आप अवधी भाषा में भी रचना सृजित करते हैं।

दो ही रोटी की ख़ातिर दिनभर
हम का है बस बोझा ढोना,
काव बिगारी मोर करोना।।

मो : 9760409461
ई-मेल : vettiger@rediffmail.com

कहीं मैं खो गया था

कहीं मैं खो गया था आ रहा हूँ
मैं खुद को रास्ते पर ला रहा हूँ

जुनून-ए-इश्क़ में था बावला मैं
मगर अब ख़ुद को मैं समझा रहा हूँ

तक़ाजा वक़्त का या और कुछ हैं
हक़ीक़त जो भी है बतला रहा हूँ

कभी रखा गया था थाल में मैं
पड़ा पत्थर पे अब मुरझा रहा हूँ

कभी मद्धम कभी कुछ तेज़ लौ में
चि़रागों की तरह जलता रहा हूँ

नयी सी रोशनी लाऊँ हरिक दिन
मै सूरज की तरह ढलता रहा हूँ

रहा क़तरा कि दरिया या समन्दर
बताऊँ किस तरह मैं क्या रहा हूँ

तरसता आज हूँ इक बूँद को पर
मुहब्बत का कभी दरिया रहा हूँ

ज़िन्दगी में हर ख़ज़ाना आ गया

ज़िन्दगी में हर ख़ज़ाना आ गया
ग़र अदब से सर झुकाना आ गया

दोस्ती तो ख़ुद बख़ुद निभ जायेगी
रस्मे-उल्फ़त ग़र निभाना आ गया

मिट गयी देखो यहाँ शर्म-ओ-हया
हाय यह कैसा ज़माना आ गया

देख दरिया को समन्दर के यहाँ
बिन डुबाये डूब जाना आ गया

क्या ज़रूरत है यहाँ सच बोलिए
झूठ को जब पर लगाना आ गया

मैं नहीं जाता कभी दैर-ओ-हरम
इश्क़ में गोते लगाना आ गया

क्यूँ करेंगे प्यार में अब ख़ुदकुशी
जब बुतों से दिल लगाना आ गया

हम मुहब्बत, इबादत, शराफ़त लिखें

हम मुहब्बत, इबादत, शराफ़त लिखें
भूलकर नफ़रतें आज, उल्फ़त लिखें

द्वेष रखना तो है उनकी फ़ितरत में ही
नफ़रतें वो लिखें हम, मुहब्बत लिखें

ग़र ज़रूरत पड़े जो वतन के लिए
बाख़ुशी हम भी ख़ुद की, शहादत लिखें

लाल जो हैं मिरे सरहदों पर डटे
हम सभी नाम उनके, सलामत लिखें

राम के साथ हो जिक्रे रहमान भी
हम सभी एक ऐसी, इबादत लिखें

चूम लें हम तिरंगे को अभिमान से
देश के नाम दिल की, वसीयत लिखें

रहे नीयत भी क़ायम

रहे नीयत भी क़ायम आदमी की
सलामत आबरू हो हर किसी की

नयी नस्लें करें ख़ुद की हिफ़ाज़त
सदा चर्चा करें ज़िन्दादिली की

ज़रूरत वक़्त की है हर कहीं पर
ढहे दीवार हर इक मुफ़लिसी की

हमारे मुल्क की तहज़ीब हैं ये
सफ़ाई हो यहाँ पर हर नदी की

चमन में रौनकें खिलती हैं इनसे
हिफ़ाज़त हम करें हर इक कली की

जहाँ में हम रहें कुछ ख़ास बनकर
कहानी हो निराली ज़िन्दगी की

अँधेरों को मिटा दे एक पल में
करें हम जुस्तजू उस रोशनी की

सबब कुछ भी हो

सबब कुछ भी हो घर का टूटना अच्छा नहीं होता
बुज़ुर्गों की क़दर होती तो घर बिखरा नहीं होता

मिला अब तक हमें जो भी बुज़ुर्गों की बदौलत है
वगरना इस ज़मीं पर पैर तक सीधा नहीं होता

बड़ों का हाथ है सर पे ज़माने की दुआएँ हैं
नहीं तो क़द मिरा इतना कभी ऊँचा नहीं होता

हिफ़ाज़त सच की हो पाती न दिखते दाग़ चेहरे के
अगर दीवार पर घर की लगा शीशा नहीं होता

जहाँ में हर तरफ़ होते यूँ चर्चे क़ामयाबी के
कि मेरा पाँव ग़र उस वक़्त जो बहका नहीं होता

यही तो ख़ासियत है दोस्तो सच्ची मुहब्बत की
दिलों के दरमियाँ कोई कभी परदा नहीं होता

न होता जो मिरे दिल में समन्दर आँसुओं का तो
मिरी आँखों का पानी भी कभी खारा नहीं होता

सुनाते दास्तां दिल की न आते आँख में आँसू जो
ग़म दिल की तिजोरी में सँजो रक्खा नहीं होता

न महफ़िल क़द्र ही करती न हम शायर हुए होते
मोहब्बत में हमारे साथ जो धोखा नहीं होता

बशर हर इक कलन्दर ढूँढ़ता है

बशर हर इक कलन्दर ढूँढ़ता है
मगर पत्थर के अन्दर ढूँढ़ता है

कि मैं तो रेत का हूँ एक दरिया
मुझे फिर क्यूँ समन्दर ढूँढ़ता है?

दिलो जां से क़रीबी यार मेरा
लिए हाथों में ख़ंजर ढूँढ़ता है

न जाने क्यूँ किसी तूफ़ान से अब
ख़फ़ा होकर बवंडर ढूँढ़ता है

मुझे पागल कहो या एक जाहिल
ये दिल गोंधी के बन्दर ढूँढ़ता है

बहाता है पसीना रात दिन जो
उसी को ही मुक़द्दर ढूँढ़ता है

उनको अगर जलन है

उनको अगर जलन है हमारी उड़ान से
तो साँठ-गाँठ कर लें कोई आसमान से

पहुँचा हूँ आज जो भी मैं इस मुक़ाम पर
पंगा लिया है मैंने हरिक दिन जहान से

हो छल फ़रेब झूठ का हामी जो शख़्स भी
बच कर सदा ही रहियेगा उस बेईमान से

करना है गढ़ फतेह तो कुछ हौसला भी रख
चलता नहीं है काम फ़कत इक ज़ुबान से

शामिल रहे हयात में शाइस्तगी हुज़ूर
लगना न मुँह कभी किसी तुम बदज़ुबान से

फिर दूर तक क़तार में दिख्खोगे ही नहीं
ठहरे क़दम जो आपके इक पल थकान से

रखते क़दम ही घर में जो आती थी ताज़गी
मिलता नहीं सुकून वो पक्के मकान से

बुरे वक़्त में हौसला आज़माना

बुरे वक़्त में हौसला आज़माना
कि तूफ़ान में दीप कोई जलाना

यहाँ ख़ुदक़ुशी करने की सोचिए मत
ग़मों में ज़रा सीखिए मुस्कुराना

मिरे दोस्त बस एक ही मशवरा है
सँभल कर क़दम आप अपने उठाना

करो कुछ मगर याद इतना रहे जी
कफ़न के सिवा कुछ नहीं साथ जाना

जिसे आपके दर्द से हो न मतलब
उसे ज़ख़्म दिल का भला क्यूँ दिखाना

हुनर सीख लो तुम भी जीने का इसमें
कभी ये न कहना बुरा है ज़माना

ज़रूरत पड़े माँग लेना लहू भी
मगर पीठ पर तुम न ख़ंजर चलाना

परिन्दे जो घर शाम तक लौटते हैं
बनाते हैं वो भी तो ख़ुद आशियाना

भले ही ज़िन्दगी

भले ही ज़िन्दगी लगती कज़ा है
सलीके से मगर इसको जिया है

दिया हमने सहारा ग़ैर को भी
रखा क़ायम भी अपना हौसला है

मिटा दें हम यहाँ नफ़रत दिलों से
इसी में हर किसी का ही भला है

यही सच है कज़ा औ ज़ीस्त में अब
महज़ कुछ ही पलों का फ़ासला है

लिए फिरता है सर पे आसमाँ क्यूँ
अरे इन्सान तुझ को क्या हुआ है?

उड़ो मत आप यूँ हद से ज़ियादा
हमारा आपको यह मशवरा है

सुकूँ के रास्ते हैं और लेकिन
फ़क़ीरी का अलग अपना मज़ा है

नहीं तन्हा रहा इक पल कभी मैं
हर इक पल साथ में माँ की दुआ है

किसी को कौन देता है सहारा
मुझे बस उस ख़ुदा का आसरा है

गगन, धरती, हवा औ आग, पानी
उसी से मुफ़्त में सबकुछ मिला है

ये सूरज भले शाम ढलता रहेगा

ये सूरज भले शाम ढलता रहेगा
मगर वह अँधेरों को छलता रहेगा

सफ़र में रहे वो भले रात दिन ही
मगर हर सहर वो निकलता रहेगा

हों कितनी हवाएँ चलें आँधियाँ भी
मगर दीप सच का ये जलता रहेगा

न मंसूबे पूरे कभी उसके होंगे
सदा हाथ अपने वो मलता रहेगा

नज़र उसने डाली है कुछ इस अदा से
हसीं ख़्वाब इक दिल में पलता रहेगा

मेरे शेर क्यूँ हो गये इतने दिलकश
मेरे दुश्मनों को ये खलता रहेगा

रहे हैं 'विकल' हम सदा सबके दिल में
ये सिक्का हमारा तो चलता रहेगा

विनय 'साग़र' जायसवाल

मृदुभाषी, सरल हृदय और साहित्यिक सहयोग हेतु तत्पर व्यक्तित्व के साँचे में पूर्णतया ढले किसी आदर्श मूर्ति की कल्पना करें तो सहज ही कवि-शायर श्री विनय साग़र जायसवाल जी का ही रूप प्रकट होता है।

अनगिनत नवोदित, परिपक्व एवं व्यवसायिक रचनाकार अपने गीतों-ग़ज़लों के इस्लाह के लिए विनय जी के सम्पर्क में होते हैं और वे अपनी जादुई छुअन से रचनाओं को व्यवस्थित कर देते हैं।

आप उस्ताद शायर हैं।

29 जनवरी को जन्मे विनय जी ने इंटरमीडिएट तक शिक्षा ली एवं स्वाध्याय के माध्यम से स्वयं को पत्रकारिता के क्षेत्र में स्थापित किया। बरेली शहर की आबो-हवा का असर कम उम्र में ही हो गया और आपकी काव्य रचनाएँ स्थापित पत्र-पत्रिकाओं में मुद्रित होने लगीं। सोने में सुगन्ध कि आपको उस्ताद हिलाल बरेलवी साहब की शागिर्दगी हासिल हो गयी। उसी परम्परा का निर्वहन करते हुए गीत-ग़ज़ल का सृजन, सम्पादन, इस्लाह, संरक्षण, सलाहकार का कार्य निर्बाध गति से जारी है।

आपकी असंख्य रचनाओं को साझा-संकलनों, साहित्यिक पत्र-पत्रिकाओं तथा सोशल मीडिया पर नियमित पढ़ा जा सकता है।

इस संकलन में आपके ग़ज़ल एवं गीत भी हैं।

मो. : 8218594623

ई-मेल : vinayjaiswal2901@gmail.com

प्यासी नदिया

प्यासी नदिया गाँव छोड़ कर आयी गंगा घाट।
प्रेम कथाएँ बाँच रहा था जहाँ प्रेम सम्राट।।

कितना घोर तिमिर छाया था मेरे अन्तरमन में।
बाल गया है स्वप्निल दीपक कोई सूने वन में।
प्रेमनगर के खोल गया वह सारे बन्द कपाट।
प्यासी नदिया गाँव छोड़ कर आयी गंगा घाट।।

मेरे जीवन में करती क्यों दृग-शर से आघात।
हो पायी कब उन नयनों से इन नयनों की बात।
उसका आभा-कलश सदा ही मिलता मुझे सपाट।
प्यासी नदिया गाँव छोड़ कर आयी गंगा घाट।।

निशिदिन आकर इस निर्जन में कौन दीप धर जाता।
मेरी शयन कुटी में आख़िर कौन सुरभि बिखराता।
मायावी प्रश्नों में फँसकर बिखर गये सब ठाट।
प्यासी नदिया गाँव छोड़ कर आयी गंगा घाट।।

पूजन अर्चन के अवसर का बना नहीं संयोग।
सजी नहीं पूजा की थाली लगा नहीं कुछ भोग।
देवालय में देव व्यथित-सा जोह रहा है बाट।
प्यासी नदिया गाँव छोड़ कर आयी गंगा घाट।।

आज दु:शासन लगा रहा है मुख पर कई मुखौटे।
इस युग में पांचाल देश की कन्या कैसे लौटे।

दर्शाओगे मनमोहन कब अपना रूप विराट।
प्यासी नदिया गाँव छोड़ कर आयी गंगा घाट।।

जाने कैसा खेल खेलते धरती पर यमदूत।
श्मशानों से उठ आये अब नगरों में अवधूत।
साग़र सारे भद्रजनों के चिन्तित हुए ललाट।
प्यासी नदिया गाँव छोड़कर आयी गंगा घाट।।

सच मानो मेरी आँखों में

सच मानो मेरी आँखों में केवल चित्र तुम्हारा होगा।
प्रेम कथाओं के पृष्ठों पर, तुमने जहाँ निहारा होगा।।

कभी याद तो करके देखो, भूले बिसरे चौराहों को।
कान लगा कर सुनो कभी, अपने अन्तर की चाहों को।
कभी अधर तो सौंपे होंगे, अपनी चन्दन सी बाँहों को।
कस्तूरी सी गन्ध समझ हर, सम्भव मुझे बिसारा होगा।।

सच मानो मेरी आँखों में केवल चित्र तुम्हारा होगा।
प्रेम कथाओं के पृष्ठों पर, तुमने जहाँ निहारा होगा।।

कई बरस तेरे माथे पर, रक्खी मैंने काजल चिंदिया।
कहीं उड़ाकर ले जाती थी, इन आँखों से मेरी निंदिया।
सम्भवत: कभी लगाई हो, एकाकी क्षण में वो बिंदिया।
क्या हुआ कभी आभास नहीं, यहीं कहीं बंजारा होगा।।

सच मानो मेरी आँखों में केवल चित्र तुम्हारा होगा।
प्रेम कथाओं के पृष्ठों पर, तुमने जहाँ निहारा होगा।।

यह सोच खुले ही छोड़ दिये, इस हृदय भुवन के द्वार सभी।
कोई कुछ मुझको कहे मगर, भेड़ूँगा नहीं किवाड़ अभी।
वापस लौट गये तुम यदि तो, यह ज्वाल न होगी शान्त कभी।
आहट-आहट कान लगाये, तुमने मुझे पुकारा होगा।।

सच मानो मेरी आँखों में केवल चित्र तुम्हारा होगा।
प्रेम कथाओं के पृष्ठों पर, तुमने जहाँ निहारा होगा।।

अब दुल्हन सी तुम सजी धजी, खड़ी हुई हो इस आँगन में।
लगा रही हो आग और अब, इस रिमझिम-रिमझिम सावन में।
और किसी की किन्तु धरोहर, शोभित हो इस मन दर्पन में।
साग़र मर्यादित प्रश्नों पर, किंचित नहीं विचारा होगा।।

सच मानो मेरी आँखों में केवल चित्र तुम्हारा होगा।
प्रेम कथाओं के पृष्ठों पर, तुमने जहाँ निहारा होगा।।

हर सुमन यहाँ अकुलाता है

तेरी सुगन्ध को लालायित, हर सुमन यहाँ अकुलाता है।
अधरों पर मेरे नाम अगर, तेरा जब-जब आ जाता है।।

जब खिलते हैं सुधि के शतदल, जब उड़ता दृग-वन में आँचल।
हर निशा अमावस की लगती, हर दिवस बजी दुख की साँकल।
यह प्रेम नगर का द्वार मुझे, कैसे परिदृश्य दिखाता है।।
तेरी सुगन्ध को लालायित, हर सुमन यहाँ अकुलाता है।।
अधरों पर मेरे नाम अगर, तेरा जब-जब आ जाता है।।

प्यासे चातक मन-अधरों पर, पूनम भी किंचित खिली नहीं।
अंतस में ज्वाला भड़का कर, फिर साँझ दिवस से मिली नही।
रह-रह कर मेरे अन्तर का, हर कमल पुष्प कुम्हलाता है।।
तेरी सुगन्ध को लालायित, हर सुमन यहाँ अकुलाता है।।
अधरों पर मेरे नाम अगर, तेरा जब-जब आ जाता है।।

आशाएँ अमर लता बनकर, वट-यौवन भी डस जाती हैं।
कुछ पता नहीं इच्छाओं का, किसको क्या स्वाद चखाती हैं।
यह मलय पवन भी अब प्रायः, ज्वाला को और बढ़ाता है।।
तेरी सुगन्ध को लालायित, हर सुमन यहाँ अकुलाता है।।
अधरों पर मेरे नाम अगर, तेरा जब-जब आ जाता है।।

घिर आये फिर नभ में बादल, फिर दूर बजी कोई पायल।
फिर कोई मेरे जैसा ही, हो जायेगा दुखिया घायल।
यह सोच-सोच कर अब मेरा, पागल मन भी घबराता है।।
तेरी सुगन्ध को लालायित, हर सुमन यहाँ अकुलाता है।।
अधरों पर मेरे नाम अगर, तेरा जब-जब आ जाता है।।

मिलता नहीं किनारा है

कहने को हर भँवर जाल में, तुमने दिया सहारा है।
फिर क्यों माझी इस नैया को, मिलता नहीं किनारा है।।

जाने कितनी आग छिपी थी, सतरंगी मधुमासों में।
बीत गयी सब आयु हमारी, जीवन के सन्त्रासों में।
बँधे रहें कठपुतली से हम, प्रभु तेरे विश्वासों में।
तेरे मन की दिनचर्या पर यह जीवन स्वीकारा है।।

कहने को हर भँवर जाल में, तुमने दिया सहारा है।
फिर क्यों माझी इस नैया को, मिलता नहीं किनारा है।।

कभी नहीं हंसों का जोड़ा, देखा मानसरोवर पर।
कभी नहीं खिल पायीं कलियाँ, गुल मेंहदी-गुलमोहर पर।
आँसू सब कर दिये विसर्जित, इस मरुथल के तरुवर पर।
शायद टूट गया अम्बर से, अपना भाग्य सितारा है।।

कहने को हर भँवर जाल में, तुमने दिया सहारा है।
फिर क्यों माझी इस नैया को, मिलता नहीं किनारा है।।

जो भी साथी साथ चले थे, वे ही हमको लूट गये।
जितने स्वप्न सँजोये थे वे, सब रस्ते में छूट गये।
आँगन की तुलसी से अपने, सारे रिश्ते टूट गये।
हम ही जानें हर उलझन को, किस-किस भाँति सँवारा है।।

कहने को हर भँवर जाल में, तुमने दिया सहारा है।
फिर क्यों माझी इस नैया को, मिलता नहीं किनारा है।।

बीत गया अनुपम यौवन, दुखमय गीतों को गाते।
मधुऋतु के आवाहन पर भी, स्वर मल्हार नहीं आते।
प्राण साधना आराधन भी, हुए विवशता के नाते।
सभी सुपरिचित पग ध्वनियों से, टूटा निलय हमारा है।।
कहने को हर भँवर जाल में, तुमने दिया सहारा है।
फिर क्यों माझी इस नैया को, मिलता नहीं किनारा है।

साग़र यह अनुभव है अपना, सुनी सुनाई बात नहीं।
जीवन की इस अन्धकुटी में, दिवस सरीखी रात नहीं।।
नयनों ने मोती बिखराये, जुगनू की बारात नहीं।
जन्मों की सौगन्ध निभाकर, तुमको सदा पुकारा है।।
कहने को हर भँवर जाल में, तुमने दिया सहारा है।
फिर क्यों माझी इस नैया को, मिलता नहीं किनारा है।।

टकराती हैं शंकित ध्वनियाँ

टकराती हैं शंकित ध्वनियाँ, हृदय द्वार से मेरे।
अभिशापित से भटक रहे हैं, स्वर्णिम साँझ-सबेरे।।

विकल हुई सब जोत-सिद्धियाँ, किसके आवाहन में।
एक अनोखा जादू छलता, मन को सम्मोहन में।
ठहर गया है हृदय द्वार तक, कोई आते-आते।
चहक उठी है पीर ज्वाल सी, मादक मलय पवन में।
जिज्ञासित अनुरक्त पुजारी, कब तक माला फेरे।।
टकराती हैं शंकित ध्वनियाँ, हृदय द्वार से मेरे।।

शेष आज भी मिलन पर्व की, झाँकी है सपनों में।
खिला हुआ है दिव्य-लोक का, हृदय कमल नयनों में।
सौंप चुका है सुधियाँ इतनी, मन को आते जाते।
निर्जन में भी लगता है मैं, बैठा हूँ अपनों में।
हृदय पटल पर उसने अपने, इतने चित्र उकेरे।।
टकराती हैं शंकित ध्वनियाँ, हृदय द्वार से मेरे।।

विरह-व्याल ने ली अँगड़ाई, अभिलाषित आँचल में।
जीवन निधियाँ हुईं विसर्जित, सब गीले काजल में।
इस उत्सव में कैसे यह मन, मधुरिम गीत सुनाये।
धधक रही हों जब जीवन की, श्वासें विरहानल में।
व्याकुल मन कब तक अधरों से, सौरभ राग बिखेरे।।
टकराती हैं शंकित ध्वनियाँ, हृदय द्वार से मेरे।।

हर एक निशा तम घेरे है, हर दिन है दुखदाई।
सूने मरघट में साग़र यह किसने अलख जगाई।
बीत रहा है जीवन अब तो, हर क्षण आँसू पीते।
क्यों असीम इस अन्तराल में, मुझको टेर लगाई।
विचर चुके जब नील गगन में, मन पाखी बहुतेरे ।।
टकराती हैं शंकित ध्वनियाँ, हृदय द्वार से मेरे।।

आ स्वप्नों की दिव्य ज्योत्स्ना

आ स्वप्नों की दिव्य ज्योत्स्ना तेरा सुन्दर चित्र बनाऊँ।
धरती से नीले अम्बर तक दृष्टि-लोक में तुझे सजाऊँ।।

आ जा कुछ पल पास बैठकर भर दे नयनों में उजियारा।
मरुथल से जीवन में आकर सुरभित कर दे तन मन सारा।।
नेह दृष्टि की अमर तूलिका से तेरा श्रृंगार कराऊँ।
आ स्वप्नों की दिव्य ज्योत्स्ना तेरा सुन्दर चित्र बनाऊँ।।

आ मेरे स्वप्नों से बाहर ज्योतिकलश दैदीप्यमान कर।
सौंप चुका हूँ उर-सिंहासन पूर्व जन्म की कथा ध्यान कर।।
मेरी श्वासों के मुक्ताफल तुझ पर नेह-सुधा बरसाऊँ।
आ स्वप्नों की दिव्य ज्योत्स्ना तेरा सुन्दर चित्र बनाऊँ।।

मैंने तो हर एक जन्म में तुझ पर सब कुछ बलिहारा है।
जीवन की हर एक साध ने केवल इतना प्रण धारा है।।
न्म मरण के सोपानों पर तुझपर ही अनुराग लुटाऊँ।
आ स्वप्नों की दिव्य ज्योत्स्ना तेरा सुन्दर चित्र बनाऊँ।।

गूँज रही हैं जन्म-जन्म से अपनी स्वर लहरों की ध्वनियाँ।
गन्धायित हैं मिलन कुंज में अब तक पराग की सुस्मृतियाँ।।
आ मन-दर्पण की छवियों से मैं तेरा परिचय करवाऊँ।
आ स्वप्नों की दिव्य ज्योत्स्ना तेरा सुन्दर चित्र बनाऊँ।।

साग़र चिरपरिचित आहट से हुआ हृदय उत्सव आलोकित।
सहसा ही आभास हुआ अब है रोम-रोम गर्वित पुलकित।।
दुविधा में हूँ हृदय-कुंज का कौन-कौन सा पुष्प चढ़ाऊँ।
आ स्वप्नों की दिव्य ज्योत्स्ना तेरा सुन्दर चित्र बनाऊँ।।

कुछ मन को इतना किया

कुछ मन को इतना किया किसी ने मतवाला।
पी गये सैकड़ों बार हलाहल का प्याला।।

हर डगर मोड़ क्या पग-पग पर था अँधियारा
था कहीं क्षितिज से दूर भाग्य का हरकारा
हमने संघर्षों में कर्तव्यों को पाला।।
पी गये सैकड़ों...

अब आदि अन्त का भी हमको कुछ ज्ञान नहीं
इस जीवन पथ में चलना भी आसान नहीं
जब रक्त जला तो दिया दीप ने उजियाला।।
पी गये सैकड़ों...

वे क्या रूठे लगता है जग ही रूठ गया
जो साहस था वो कहीं अचानक छूट गया
हर नगर अपरिचित लगा हमें देखाभाला।।
पी गये सैकडों...

मन-पीड़ा ने रस घोल दिया उर-गागर में
जिसको पी कर जग डूब गया सुख-सागर में
समझा जग ने इस काव्य-कलश को मधुशाला।।
पी गये सैकड़ों...

जब-जब अंतस में जीवन का जलजात खिला
जन-जन को साग़र मरुथल में मधुमास मिला
इस भाँति गीत की पाँखुरियों में मधु डाला।।
पी गये सैकड़ों...
कुछ मन को इतना...

सारा जीवन बीत गया

सारा जीवन बीत गया, अश्रु गरल पीते-पीते।
जो भरे कलश समझे हमने, वे मिले सभी रीते-रीते।।

मत पूछो त्याग तपस्या से, क्या जीवन को उपहार मिला।
शापों से आहत गंगाजल, पीने को बारम्बार मिला।
क्या जीत सके उन्मादों से, वो हार गये जो हार मिला।
हर बार अतुल विश्वास लिये, यह लगा कि अब जीते-जीते।।

सारा जीवन बीत गया, अश्रु गरल पीते-पीते।
जो भरे कलश समझे हमने, वे मिले सभी रीते-रीते।।

आशा के विषधर अनायास, जब लिपट गये तन चन्दन से।
रोली अक्षत उर-दीपों के, बहते आँसू अभिनन्दन से।
श्वासों की पीड़ा जब गूँजी, स्वर काँप उठा उस क्रन्दन से।
आशा की झीनी चादर को, अब हार गये सीते-सीते।।

सारा जीवन बीत गया, अश्रु गरल पीते-पीते।
जो भरे कलश समझे हमने, वे मिले सभी रीते-रीते।।

यह हरे बैगनी गुब्बारे, जब बनते हैं नभ के तारे।
कितने अवाक् रह जाते हैं, विधना की इच्छा के द्वारे।
इस भाँति हमें भी छला गया, परिभाषित हो सब कुछ हारे।
अब सम्भवत: विश्वास हुआ, मर गये यहाँ जीते-जीते।।

सारा जीवन बीत गया, अश्रु गरल पीते-पीते।
जो भरे कलश समझे हमने, वे मिले सभी रीते-रीते।।

जंगल-जंगल घूमे लेकिन, यह चाहत थी वनवास नहीं।
हर पथ में ही ढूँढ़ा साग़र पर मिला कहीं विश्वास नहीं।
अब किसे बतायें कौन सुने, किस मग में था संत्रास नहीं।
यह कह कर धैर्य दिया मन को, यह दिन तो अब बीते-बीते।।

सारा जीवन बीत गया, अश्रु गरल पीते-पीते।
जो भरे कलश समझे हमने, वे मिले सभी रीते-रीते।।

अब इन बदले परिदृश्यों में, मृग-तृष्णा है भटकी-भटकी।
हर घड़कर दीप जलाती है, हर आहट पर साँकल खटकी।
बस एक वही छवि ओझल है, क्या दशा हुई अन्तर-घट की।
यह पीर विरह की यूँ बिलखी, ज्यों राम कहे सीते-सीते।।

सारा जीवन बीत गया, अश्रु गरल पीते-पीते।
जो भरे कलश समझे हमने, वे मिले सभी रीते-रीते।।

पाँव धरे क्या घर में तुमने

पाँव धरे क्या घर में तुमने, भाग्य हमारे सँवर रहे हैं।
ऐसा लगता है धरती पर, चाँद सितारे उतर रहे हैं।।

युगों-युगों से दीप जलाकर, हमने तेरे पन्थ निहारे।
जनम-जनम के मास क्या, दिवस-दिवस बीते बंजारे।
श्वासों के हर गीत-छन्द में, सुरभित थे अनुराग तुम्हारे।
आज अचानक विश्वासों के, धुँधले रूपक निखर रहे है।।

पाँव धरे क्या घर में तुमने, भाग्य हमारे सँवर रहे हैं।
ऐसा लगता है धरती पर, चाँद सितारे उतर रहे हैं।।

कभी मिला करते स्वप्नों में, गुलमोहर, महुआ के नीचे।
बज उठती तोता मैना सी, सरगम मन की आँखें मींचे।
किस तरह तुम्हारी सुधियों से, हमने स्वप्निल उपवन सींचे।
बिना तुम्हारे लगा सदा ही, हम तिनकों सा बिखर रहे हैं।।

पाँव धरे क्या घर में तुमने, भाग्य हमारे सँवर रहे हैं।
ऐसा लगता है धरती पर, चाँद सितारे उतर रहे हैं।।

सौगन्ध तुम्हारी हर पल ही, तुम ही तुम थे इन आँखों में।
जो टूट खिलौने गये कभी वे तड़प उठे सब ताखों में।
इस मन की चंचलता देखो, भटका फिरता था लाखों में।
इस विरहा में व्याकुल कितने, यह दृग, अंतस, अधर रहे हैं।।

पाँव धरे क्या घर में तुमने, भाग्य हमारे सँवर रहे हैं।
ऐसा लगता है धरती पर, चाँद सितारे उतर रहे हैं।।

सूने नभ मण्डल में हमने

सूने नभ मण्डल में हमने आहों के मेघ उड़ाये हैं।
रजनीगन्धा के कुसुम कहीं तब मधुबन में खिल पाये हैं।।

यह वैभव क्या जीवन थाती, कर दिये सभी सुख न्यौछावर।
गंगा यमुना सरस्वती लिए नैना रोये सागर-सागर।
जितनी सामर्थ्य हुई हमने, धोयी निशि की काली चादर।
घर आँगन तुलसी विस्मृत कर, चौखट पर दीप जलाये हैं।।

सूने नभ मण्डल में हमने आहों के मेघ उड़ाये हैं।
रजनीगन्धा के कुसुम कहीं तब मधुबन में खिल पाये हैं।।

वन उपवन भी हम भटक लिये, सब मिले हमें मरुथल-मरुथल।
प्यासे थे ताल सरोवर भी, थे तृषित-तृषित शतदल-शतदल।
इस भरे जगत के अनुभव से मिल सका नहीं कोई सम्बल।
पनघट-पनघट भी फिरे मगर, अधरों पर मौन सजाये हैं।।

सूने नभ मण्डल में हमने आहों के मेघ उड़ाये हैं।
रजनीगन्धा के कुसुम कहीं तब मधुबन में खिल पाये हैं।।

कैसे जलती है दीपशिखा, कैसे होता है उजियारा।
कोई क्यों कर यह सोचेगा, क्यों घूम रहा है बंजारा।
किसको इतना अवकाश यहाँ, जो सुने हृदय का इकतारा।
सुधियों के सुमन सँजोकर ही, निज श्वासों को महकाये हैं।।

सूने नभ मण्डल में हमने आहों के मेघ उड़ाये हैं।
रजनीगन्धा के कुसुम कहीं तब मधुबन में खिल पाये हैं।।

तुमने सुरसरि से नील कमल, वे हंस युगल बिसरा डाले।
हम मन्त्र मुग्ध से घूम रहे, स्वर्णिम यादों का विष पाले।
इस पथ में चलकर पता नहीं, कब फूटे पैरों के छाले।
साग़र अपनी ही प्रेम कथा, हम सुन-सुन कर घबराये हैं।।

सूने नभ मण्डल में हमने आहों के मेघ उड़ाये हैं।
रजनीगन्धा के कुसुम कहीं तब मधुबन में खिल पाये हैं।।

स्वप्न महल में

स्वप्न महल में भी अब रह कर देख लिया।
पीड़ाओं को मधुरस कह कर देख लिया।।

अन्तस के पट खोल गये दृग-रत्नाकर,
जीवन भर हम भर न सके रीती गागर।
सुधियों के स्वर मेघदूत बनकर बहुदा,
बरसाते हैं विरह वेदना मुस्काकर।
इन्द्र धनुष के रंग निरख कर मनभावन,
आगत के स्वागत में दह कर देख लिया।।

स्वप्न महल में भी अब रह कर देख लिया।
पीड़ाओं को मधुरस कह कर देख लिया।।

उड़ी गन्ध मकरन्द हृदय के सुमनों से,
पूछ रहा है पता भ्रमर भी पवनों से।
शेष बचा सौरभ कितना उर-पुष्पों में,
बिछड़ गये कितने मोती इन गहनों से।
उड़े हंस फिर मानसरोवर से प्यासे,
औरों के भी दुख में बह कर देख लिया।।

स्वप्न महल में भी अब रह कर देख लिया।
पीड़ाओं को मधुरस कह कर देख लिया।।

सब बदन हमारा छेद दिया शूलों ने,
कुछ ऐसा ही व्यवहार किया फूलों ने।

समझ नहीं पाये निज मन की व्यथा कथा,
सब धैर्य हमारा तोड़ दिया भूलों ने।
संसृति में क्या क्या साग़र स्वीकार करें,
कड़वे शब्दों को भी सह कर देख लिया।।

स्वप्न महल में भी अब रह कर देख लिया।
पीड़ाओं को मधुरस कह कर देख लिया।।

सुमन सरीखी याद तुम्हारी

सुमन सरीखी याद तुम्हारी, केवल यूँ ही स्वीकार नहीं।
इस एक धरोहर के सम्मुख, जँचता कोई उपहार नहीं।।

तेरे गीतों को गाने से, यह हृदय कमल खिल जाते हैं।
तन्हाई की परछाई में, हम तुम दोनों मिल जाते हैं।
बातें होती हैं नयनों से, जब अधर अधर सिल जाते हैं।
यह विरह मिलन का महाकुम्भ, अब समझेगा संसार नहीं।

सुमन सरीखी याद तुम्हारी, केवल यूँ ही स्वीकार नहीं।

सिवा तुम्हारे इन आँखों को, अब दिखती है दुनिया काली।
सुधियों के दीपों से निशि भर, करता हूँ जगमग दीवाली।
सारे जग की खुशी विधाता, इस झोली में तुमने डाली।
भूलूँगा जन्मों-जन्मों तक, मैं तेरा यह उपकार नहीं ।।

सुमन सरीखी याद तुम्हारी, केवल यूँ ही स्वीकार नहीं।

मेरे गीतों को महका दो, नगरी-नगरी हर आँगन में।
अगणित सुरभित गीत रचे हैं, मैंने अब के इस सावन में।
तेरे मन की साध छिपी है, मेरे गीतों की धड़कन में।
तेरे उर की प्यास बुझाऊँ, क्या यह मेरा अधिकार नहीं।।

सुमन सरीखी याद तुम्हारी, केवल यूँ ही स्वीकार नहीं।

आँसू जो भी दिये जगत ने, निश्छल नयनों ने स्वयं पिये।
जितने सुमन सँजोये थे वे, तेरी माला में गूँथ दिये।
पाहुन से वरदान न पाया, जाने कितने ही हवन किये।
इस जीवन को भगवान मिला, अब तक कोई आधार नहीं।।

सुमन सरीखी याद तुम्हारी, केवल यूँ ही स्वीकार नहीं।

चिंगारी अब जलते बुझते, विकराल ज्वाल में बदल गयी।
मेरी यह छोटी सी इच्छा, सीमा से आगे निकल गयी।
जितना भी मन को समझाया, उतनी अधरों से फिसल गयी।
जिस पर साग़र हूँ न्यौछावर, उससे ही मिलता प्यार नहीं।।

सुमन सरीखी याद तुम्हारी, केवल यूँ ही स्वीकार नहीं।

अन्तस लहरों में

अन्तस लहरों में ज्वार उमड़ता देख लिया।
उनकी आँखों में प्यार छलकता देख लिया।।

कैसी सुगन्ध यह फैल रही उर-उपवन में।
जब खिला सरोवर में कोई जलजात नहीं।।
किसने इस मन को बाँध लिया सम्मोहन में।
साँसें महकीं या प्राण जले कुछ ज्ञात नहीं।।
अब डोल रहा है किसी मधुप सा मन मेरा।
पंछी पिंजरे में क्षणिक तड़पता देख लिया।।

अन्तस लहरों में ज्वार उमड़ता देख लिया।
उनकी आँखों में प्यार छलकता देख लिया।।
अब साँझ-सवेरे यह जीवन गतिविधियाँ हैं।
मन भटक रहा है इधर उधर वैरागी सा।।
यह पवन लिए उड़ता है किस कलि का पराग।
उर-पुष्पों का मकरन्द हुआ अनुरागी सा।।

उनके पैरों की आहट है या भ्रम मेरा।
मन-कर्णों से हर स्वर का रिश्ता देख लिया ।।
अन्तस लहरों में ज्वार उमड़ता देख लिया।
उनकी आँखों में प्यार छलकता देख लिया।।
मन-वीणा के यह तार स्वयं ही बोल उठे।
मन के भीतर रसराग अँकुरित होता है।।

वह अनायास साग़र आ आकर चुपके से।
अन्तस्तल में मादक मुक्ताफल बोता है।।
कर दिया मुग्ध उसने सारा नन्दन कानन।
मन वसुधा पर आकाश उतरता देख लिया।।
अन्तस लहरों में ज्वार उमड़ता देख लिया।
उनकी आँखों में प्यार छलकता देख लिया।।

बरस रहा है

बरस रहा है जड़-चेतन से, सुधियों का अनुराग।
मिलन-ज्योति भी लगा रही है, राजभवन में आग।।

पाती एक न आयी उसकी, नहीं कभी सन्देश।
चला गया वह मनभावन क्या, जाने किस परदेश।
डसा जा रहा साधक मन को, विरही क्षण का नाग।
बरस रहा है जड़-चेतन से, सुधियों का अनुराग।।

आज जिधर भी जाता पड़ते, विष व्यंग के छींटे।
क्या बतलाऊँ नेह फलों को कड़वे भला या मीठे।
लगा गया है मन-मस्तक पर जन्म जन्म के दाग़।
बरस रहा है जड़-चेतन से, सुधियों का अनुराग।।

हमने भी खेली थी होली मनमोहन के संग।
उमड़ रहा है मन-श्वासों में, वह मादक सा रंग।
अन्तर्द्वन्द्व का नायक बनकर, आया है फिर फाग।
बरस रहा है जड़-चेतन से, सुधियों का अनुराग।।

मन करता था यही खेल हम, खेलें आठों याम।
शीशम देवदार पर लिखना, एक दूजे का नाम।
मन-वीणा ने छेड़ दिया है, वही पुराना राग।
बरस रहा है जड़-चेतन से, सुधियों का अनुराग।।

क्या सन्देशा लाया उनका, मुझको बता तो दे।
अपने हाव भाव से ही तू, उनका पता तो दे।
क्यों बैठा है मौन साधकर, नीम वृक्ष पर काग।
बरस रहा है जड़-चेतन से, सुधियों का अनुराग।।

फूलों के अब पेड़ खोजना, है कितना अवसाद ।
नागफनी का सदन-सदन में साग़र है उन्माद।
भँवरों के अधरों तक आये, कैसे यहाँ पराग।
बरस रहा है जड़-चेतन से, सुधियों का अनुराग।।

तुम वर्तमान के पृष्ठों पर

तुम वर्तमान के पृष्ठों पर,पढ़ लो जीवन का समाचार।
क्या पता कौन से द्वारे से, आ जाये घर में अन्धकार।।

आशा की किरणें लौट गयीं, बैठी हैं रूठी इच्छाएँ।
प्रातः से आकर पसर गयीं, आँगन में कितनी संध्यायें।
इन हानि-लाभ की ऋतुओं में, तुम रहो सदा ही होशियार।
तुम वर्तमान के पृष्ठों पर, पढ़ लो जीवन का समाचार।।

चल पड़ों श्रमिक की भाँति यहाँ, छेड़ो जीवन का महासमर।
अवसान हताश का कर दो, सुरभित हो मरुथल गाँव नगर।
श्रमदेवी कर में भेंट लिये, आयेगी करने चमत्कार।
तुम वर्तमान के पृष्ठों पर, पढ़ लो जीवन का समाचार।।

प्राची ने शंख बजाया तो, कर्तव्यों का दिनमान चला।
फिर कलश उठाये हाथों में, जीवन क्रम का अभियान चला।
हर गली मोड़ चौराहों पर, खुल गया दिवस से विजय द्वार।
तुम वर्तमान के पृष्ठों पर, पढ़ लो जीवन का समाचार।।

स्वागत हो हर श्रमजीवी का, हर तन को भी परिधान मिले।
शिशुओं के आभा-मण्डल पर, सुन्दर-सुन्दर मुसकान खिले।
छँट जाये छाया तिमिर घना, मिट जाये जग से अनाचार।
तुम वर्तमान के पृष्ठों पर, पढ़ लो जीवन का समाचार।।

हर ओर शान्ति के दीप जलें, सद्भाव फले हर उपवन में।
साग़र न भयानक रूप दिखे, अपना ही अपने दर्पण में।
मानवता के जलजात खिलें, हो धूल धूसरित अहंकार।
तुम वर्तमान के पृष्ठों पर, पढ़ लो जीवन का समाचार।।

गीतों की गगरी छलका कर

गीतों की गगरी छलका कर, सर्वत्र सुधा बरसाता हूँ।
अपने अधरों पर प्यास लिए, औरों की प्यास बुझाता हूँ।।

मैं सोम-सुधा पीने वाला, ख़ाली है मेरा घट-प्याला।
सजती रहती है नयनों में, मेरे सपनों की मधुशाला।
साँसों की तालों पर छेड़ूँ, मधुरिम गीतों की स्वर माला।
अनुनय विनती मनुहार लिए, वीणा के तन्त्र बजाता हूँ।।

गीतों की गगरी छलका कर, सर्वत्र सुधा बरसाता हूँ।
अपने अधरों प्यास लिए, औरों की प्यास बुझाता हूँ।।

वैरागी हूँ अनुरागी हूँ, क्या जानूँ मैं दुनियादारी।
मेरी तृष्णा को पीती है, मेरे ही उर की फुलवारी।
जलता हूँ अपनी ज्वाला में, सब कहें गयी है मति मारी।
मन की पीड़ा को वरण किये, मदमस्त हुआ मुस्काता हूँ।।

गीतों की ग़गरी छलका कर, सर्वत्र सुधा बरसाता हूँ।
अपने अधरों पर प्यास लिए, औरों की प्यास बुझाता हूँ।।

मैं निपट निरक्षर अज्ञानी, पढ़ सका नहीं मन की पाती।
कब समझ सका उर-कम्पन को, कब जली स्नेह दीपक बाती।
किसके संकेतों को पाकर, किसने लूटी जीवन थाती।
अपनी ही धुन में मगन रहा, अपनी ही धुन में गाता हूँ।।

गीतों की गगरी छलका कर, सर्वत्र सुधा बरसाता हूँ।
अपने अधरों पर प्यास लिए, औरों की प्यास बुझाता हूँ।।

तोता मैना तरुवर कलियाँ, सब साथी यह अलबेले हैं।
राधा मोहन से हम अक्सर, अपने आँगन में खेले हैं।
वंशी वट यमुना तट जैसे, अब तक आँखों में मेले हैं।
जो भी मैंने पाया साग़र उस पर ही शीश नवाता हूँ।।।

गीतों की गगरी छलका कर, सर्वत्र सुधा बरसाता हूँ।
अपने अधरों पर प्यास लिए, औरों की प्यास बुझाता हूँ।।

तार वीणा के

तार वीणा के यही बस, अब एक स्वर कहने लगे।
छेड़ ऐसी रागिनी ज्यों, मन्दाकिनी बहने लगे।।

गूँजती हैं फिर निरन्तर, वेद मन्त्रों की ऋचाएँ।
अग्नि में कब तक हवन की, प्यार की समिधा जलाएँ।
हम अमा की पालकी में, पूर्णिमा कितनी बिठाएँ।
क्यों अकेले ही विरह की, हम वेदना सहने लगे।।

तार वीणा के यही बस, अब एक स्वर कहने लगे।
छेड़ ऐसी रागिनी ज्यों, मन्दाकिनी बहने लगे।।

बज उठी हैं जब शिवालय की, यह मनोरम घंटियाँ।
ढूँढ़ती हैं बस तुझे ही, तब हर दिशा दृग सीपियाँ।
जल उठी हैं फिर हृदय क्या, सब प्राण तन की धमनियाँ।
क्यों अचानक स्वप्न, मणियों वाले भुवन ढहने लगे।।

तार वीणा के यही बस, अब एक स्वर कहने लगे।
छेड़ ऐसी रागिनी ज्यों, मन्दाकिनी बहने लगे।।

पूर्व की अनुभूतियों से यह मन बहल पाता नहीं।
दर्शनों की प्यास लेकर अब तो चला जाता नहीं।
साँवरे गोपाल को भी क्यों कर तरस आता नहीं।
हर निमिष इस चाह में ही, हम अब विकल रहने लगे।।

तार वीणा के यही बस, अब एक स्वर कहने लगे।
छेड़ ऐसी रागिनी ज्यों, मन्दाकिनी बहने लगे।।

रेशमी वसना सुसज्जित, रूप के अन्वेषणों में।
रम रहा है मन सुगन्धित, गन्ध के विश्लेषणों में।
आज साग़र क्या कहें हम, इन हृदय सम्प्रेषणों में।
पुष्प वासन्ती दृगों को, क्यों कंचनी गहने लगे।।

तार वीणा के यही बस, अब एक स्वर कहने लगे।
छेड़ ऐसी रागिनी ज्यों, मन्दाकिनी बहने लगे।।

तेरी यादों के मेघों से

तेरी यादों के मेघों से, हर निशा दिवस ही मंगल है।
जो सींच रहा मन मरुथल को, वो मेघ सलिल गंगाजल है।।

वर्षों से बरखा रूठ गयी, इस मुरझाई फुलवारी से।
अब नील गगन को ताक रहे, मन मारे किस लाचारी से।
कब भाग्य विधाता रीझ सके, उच्छ्वासों की अज्ञारी से।
जिस ओर दृष्टि जाती जग में, हर क्षितिज नयन में जंगल है।।

तेरी यादों के मेघों से, हर निशा दिवस ही मंगल है।
जो सींच रहा मन मरुथल को, वो मेघ सलिल गंगाजल है।।

जब हुईं पराजित आशाएँ, हर पग पर ही विश्वास छले।
घनघोर तिमिर में भी लेकिन, तेरी सुधियों के दीप जले।
मन भटक रहा संन्यासी सा, तेरी निधियों की राख मले।
जो माँगोगे दे सकता हूँ, यह उर वरदान कमण्डल है।।

तेरी यादों के मेघों से, हर निशा दिवस ही मंगल है।
जो सींच रहा मन मरुथल को, वो मेघ सलिल गंगाजल है।।

अभिशापों भरे सरोवर में, मीनों की भाँति मचलते हैं।
तुमसे मिलने की चाहत में मन के विश्वास तड़पते हैं।
आकर तो देखो प्राण कभी, नयनों में नेह उमड़ते हैं।
मैं श्वास श्वास महका दूँगा, सीने में खिला कमलदल है।।

तेरी यादों के मेघों से, हर निशा दिवस ही मंगल है।
जो सींच रहा मन मरुथल को, वो मेघ सलिल गंगाजल है।।

कुछ ऐसा सुखद

कुछ ऐसा सुखद उजास हुआ
अम्बर धरती के पास हुआ।।

उर में आनन्दित लहर उठी
बह रही सुरभि भी कल्याणी
क्या उतर रही है शिखरों से
अब श्वेत कमल वीणापाणी
सुरभित कुसमित है भूमण्डल
नख-शिख तक यह आभास हुआ।।

छँट जायेगी हर आँगन से
तम की छाया काली-काली
पुलकित होगी नव सुमनों से
वन-उपवन की डाली-डाली
माँ की अनुकम्पा से जग में
अवतरित अटल विश्वास हुआ।।

शारद-वीणा झंकारों से,
अब ज्ञानदीप जल जायेंगे
रजनी के माथे पर क्षण में,
सिन्दूरी रज मल जायेंगे
इन विमल धवल परिधानों से
सच कहता हूँ मधुमास हुआ।।

हर एक दिशा भय के बादल,
अब डोल रहे काले-काले
संसृति में अजगर घूम रहे
उर में विनाश का विष पाले
मिट जायेगी माँ गहन निशा,
तम असुरों का सन्त्रास हुआ।।

बरसा दो मेघ सुधा माँ तुम,
मानस-घट है रीते-रीते।
अन्तर मन सबके झूम उठे,
विचलित हैं दुख पीते-पीते।
किंचित करुणा से ही साग़र
जन-जीवन में उल्हास हुआ।।

कुछ ऐसा सुखद उजास हुआ।
अम्बर धरती के पास हुआ।।

चिरमिलन की आस

चिरमिलन की आस का पीयूष पीकर।
उड़ रहा है मन विहग आलोक पथ पर।।

कब मिलेगा स्वप्न का प्रतिफल सवेरा।
लाँघ पायेगा कभी क्या व्योम घेरा।
कर रही है चेतना सब कुछ निछावर।।
चिरमिलन की आस का पीयूष पीकर।।

साँझ चलती जा रही सूरज रिझाने।
अब लगे विश्वास पग भी डगमगाने।
काल का भी भय भला अब कौन माने।
कर रहा है प्राण से मनुहार पतझर।।

रातरानी पास आ कर हँस रही है।
वेदना तम के भँवर में फँस रहीं है।
अब निराशा बन्ध अविरल कस रही है।
देह की कब तक सँजोयेगी धरोहर।।

पड़ गया कुँदन सरीखा दृश्य काला।
खो गया जाने कहाँ स्वर्णिम उजाला।
बुन रही हैं मकड़ियाँ हर ओर जाला।
कौन चलता इस दशा में साथ क्षण भर।।

उड़ गयी हर गन्ध अब साग़र सुहानी।
लिख रही है अन्त अब शायद कहानी।
हो गई गूँगी हृदय की राजधानी।
उड़ गया हर घाट से प्यासा कबूतर।।

चिरमिलन की आस का पीयूष पीकर।
उड़ रहा है मन विहग आलोक पथ पर।।

❑❑